L'atlas des Records

Texte
Élisabeth Marrou

Illustrations
Christine Ponchon

LAROUSSE

SOMMAIRE

EUROPE

AFRIQUE

AMÉRIQUE DU NORD ET AMÉRIQUE CENTRALE

AMÉRIQUE DU SUD

ASIE

OCÉANIE

LES RÉGIONS POLAIRES

LES RECORDS DU MONDE

La Terre, une planète UNIQUE

La Terre est actuellement la seule planète du système solaire à disposer d'**oxygène** et d'**eau** nécessaires à la vie des hommes et au développement de la nature.

La Terre, une planète BLEUE

Vue de l'espace, la couleur bleue domine. Les océans et les mers couvrent environ 70 % de la planète. Les 30 % restants ? Des montagnes, des déserts, des plaines, de la banquise... Toujours vue de haut, on délimite de grands blocs : les continents.

LE SAIS-TU ?!?

5, 6 ou 7 continents ?
À chacun sa façon de compter ! Pour les géologues, il y en a 5 : Afrique, Amérique du Nord, Amérique du Sud, l'Eurasie et l'Océanie (avec l'Antarctique). Pour les géographes : l'Antarctique est un continent à part. Cela fait donc 6 ! Pour tous ceux combinant géologie, géographie et vie des hommes : l'Eurasie est divisée en 2 : l'Europe et l'Asie. En voilà 7 !

Les anneaux du drapeau olympique symbolisent les 5 continents unis par le sport.

Une ligne record !

La ligne imaginaire de l'**équateur** partage le globe terrestre en 2 parties égales. C'est le plus long tour de la Terre : **40 075 km.**

Le plus gros record du monde ?

La masse de la Terre ! En arrondissant : **6 millions de milliards de milliards** de kilos !

Le continent le plus vaste ?

L'**Asie.**

L'océan le plus vaste ?

L'**océan Pacifique.** Sa superficie est supérieure à celle de tous les pays du monde réunis !

Le plus grand désert chaud ?

Le Sahara, 9 millions de km^2, au nord de l'Afrique.

2 fleuves se disputent le titre du plus grand

En longueur ? En largeur ? En débit ? Tout le monde n'est pas d'accord ! On retient les deux ! L'**Amazone** en Amérique du Sud et le **Nil** en Afrique. Ils mesurent quasiment **7 000 km** de long !

De super espions

Avec leurs caméras et leurs instruments de mesure, les **satellites artificiels** envoient des images ou des données qui permettent de « surveiller » la Terre. Chacun a sa spécialité : météo, volcans, banquise…

LES RECORDS DU MONDE

La barre des 7 milliards

Depuis 2011, la population mondiale est passée au-dessus des **7 milliards** d'habitants. Et, comme chaque jour, il y a plus de naissances que de décès, la population augmente. En 2014, la population mondiale est estimée à **7,2 milliards d'habitants**.

1 habitant du monde sur 2 vit dans une ville

Plus de 500 villes de plus d'un million d'habitants et près de 40 mégapoles de plus de 10 millions d'habitants.
Tokyo (37 millions) arrive largement en tête. Les villes tentaculaires sont le plus souvent situées en Asie (**Karachi, Séoul, Bombay**…), en Amérique du Nord (**New York, Los Angeles**) ou du Sud (**Mexico, São Paulo**…).
En Europe (**Moscou, Londres, Paris**), elles sont plus modestes, entre 10 et 15 millions… seulement !

C'est risqué !

700 millions de personnes vivent sur les pentes de volcans… alors que seulement **450 millions** vivent sur les côtes.

C'est en Asie, au **Japon**, que l'on vit le plus longtemps en moyenne. L'espérance de vie est de **82 ans**. À l'inverse, c'est au **Swaziland**, en Afrique, que l'on vit le moins longtemps, en moyenne jusqu'à **32 ans**.

Le monde est jeune !

Environ **30%** de la population a moins de 15 ans.

Quelques chiffres pour réfléchir

Un bain c'est **150 à 200 l**, une douche, **60 à 80 l** et le minimum vital, **20 à 50 l** par jour (boisson, cuisine, lessive, toilette). Dans certains pays, on ne vit qu'avec **5 l** d'eau par jour. La population augmente et ses besoins en eau aussi ! L'eau douce est rare. C'est à peine 3 % de l'eau de la planète dont seulement 1 % est potable. 800 millions de personnes environ n'ont pas accès à l'eau potable. Ce chiffre diminue chaque année mais pas partout. Continuer à le faire baisser est un défi !

L'EUROPE

Problème de taille !

Sachant que : l'**Europe** n'est pas le plus petit continent et qu'il est environ 4 fois moins grand que l'**Asie**, fais correspondre chaque superficie à son continent.

1. Europe •	• **a.** 9 millions de km^2
2. Asie •	• **b.** 10,4 millions de km^2
3. Océanie •	• **c.** 43,8 millions de km^2

* 1-b, 2-c, 3-a

40 000 !

C'est le nombre de **kilomètres de côtes** sur les océans ou les mers qui délimitent les contours nord, ouest et sud de l'Europe.
La **Grande-Bretagne** est la plus grande île d'Europe.

La totale !

Tout le continent européen est situé dans l'hémisphère nord.
Le climat de la plus grande partie de l'Europe est tempéré : il n'y fait ni trop chaud, ni trop froid ! Mais, aux extrémités, on trouve des particularités ! Au nord, l'eau qui entoure la Norvège est souvent gelée. Et l'été, au sud, par exemple à Séville en Espagne, la température avoisine les 45 °C.

Ton record

La chaîne des Alpes traverse 7 pays européens : la France, la Suisse, l'Autriche, l'Allemagne, l'Italie, le Liechtenstein et la Slovénie. Retrouve ces pays sur la carte p. 10-11.

LE SAIS-TU ?!?

Deux alpinistes ont découvert, dans les Dolomites italiennes, un homme gelé depuis plus de 5 000 ans. Ötzi, l'homme des glaces, est un *Homo sapiens* de la fin du néolithique. Il était paré pour le froid : manteau en fourrure, chaussures, et armé d'un grand arc et de 14 flèches. Mais que faisait-il à 3 300 m d'altitude ? Mystère !

Le plus haut !

Le **mont Elbrouz** culmine à 5 642 m dans le massif du Caucase. C'est un volcan éteint, toujours coiffé de glace. Avec ses 20 voisins, il est apprécié des skieurs ! Pour la petite histoire : en février 2014, quand, pour les Jeux de Sotchi, la flamme olympique fut allumée à son sommet, il fallut la protéger des rafales de vent !

Ingénieux ingénieurs !

Pour traverser les montagnes, franchir des fleuves, les ingénieurs conçoivent des infrastructures impressionnantes :

Le plus long tunnel routier ? 24 km, d'Oslo à Bergen, en Norvège.

Le plus long tunnel sous-marin ? Le tunnel sous la Manche, à 50 m de profondeur, relie la France et l'Angleterre.

Le pont le plus haut ? Le viaduc de Millau, en France, à 340 m de hauteur.

L'EUROPE

L'Europe a un **drapeau** : douze étoiles dorées, en cercle, sur un fond bleu. L'Europe a un **hymne** : l'***Ode à la joie*** de Beethoven (l'air mais pas les paroles !).

LE SAIS-TU? ?!?

Il ne faut pas confondre Europe, Union européenne et zone euro ! L'Europe politique, c'est 45 États. Parmi eux, 28 appartiennent à l'Union européenne. Sur ces 28 États, 18 seulement font partie de la zone euro. Dans ces pays-là, on règle ses achats dans cette devise. Un exemple pour comprendre : le Danemark fait partie de l'Europe et de l'Union européenne mais n'appartient pas à la zone euro. Sa monnaie est la couronne danoise.

À la tête des Etats !

Chaque État a sa propre organisation. La majorité des États européens, comme la France ou l'Italie, sont des **républiques** avec un président élu et un gouvernement. Les autres sont des **monarchies**. Le chef de l'État est alors un roi, ou une reine, entouré lui aussi d'un gouvernement. C'est par exemple le cas de l'Angleterre, des Pays-Bas et de l'Espagne.

Le Vatican est le plus petit État d'Europe... et du monde.

Compare des pièces en euro !

Une face est commune à tous les pays, l'autre est spécifique au pays qui l'a frappée.

L'État le plus riche

La taille ne fait pas la richesse. Le **Luxembourg** est quasi le plus petit mais c'est le plus riche !

7 Européens sur 10…

… travaillent dans le secteur des services. Ils ne fabriquent pas, mais ils vendent ou rendent des services ! Ils travaillent dans des magasins, des postes, des écoles, des hôpitaux…

Au top des langues

Dans l'Union européenne, arrivent en tête des **langues maternelles** : l'allemand (parlé en Allemagne mais aussi en Suisse, en Autriche, au Luxembourg) puis l'anglais, l'italien et le français. La langue la plus étudiée est bien sûr l'anglais !

Ton record

Regarde la carte. Cite les 3 États les plus étendus.

* La France, l'Espagne et la Suède.

L'EUROPE DANS TOUS SES ÉTATS

LE SAIS-TU ?

L'Europe se traverse en avion, en train, en voiture mais aussi… à vélo ! 70 000 km de pistes cyclables d'ici 2020 pour la découvrir. Un circuit est déjà bien balisé de l'océan Atlantique à la mer Noire. Il suit les 3 plus grands fleuves européens : la Loire, le Rhin et le Danube. Départ de France. Arrivée en Roumanie *via* la Suisse, l'Allemagne, l'Autriche, la Slovaquie, la Hongrie, la Croatie, la Serbie et la Bulgarie. Au total 3 653 km !

En 1936, c'est un Letton, Walter Zapp, qui invente le 1er appareil photo de poche !

SUISSE – 89 000 milliards de litres d'eau !

La Suisse partage, avec la France, le plus grand réservoir d'eau douce de l'Europe occidentale. C'est le **lac Léman**. À certains endroits, sa profondeur dépasse les 300 m !

PORTUGAL – 17 km

Le plus long pont routier européen est portugais. C'est le pont Vasco de Gama qui enjambe le Tage au Portugal.

FINLANDE – Un bon point !

C'est en Finlande que les écoliers apprennent le mieux à lire, à écrire et à compter en Europe !

PAYS-BAS

Sous le niveau de la mer !

Le Pays-Bas est le pays d'Europe qui a le plus de terre sous le niveau de la mer. Ces terres, les **polders**, sont protégées par des dunes, des digues et des stations de pompages. Gare aux inondations !

Au pays des tulipes, la toile *Iris*, de Vincent van Gogh, vaut des dizaines de millions d'euros !

BULGARIE

Une essence rare et recherchée

80 % de **l'essence de rose** utilisée en parfumerie est fabriquée à partir des fleurs de la vallée des Roses. Un sac, c'est 150 000 pétales de roses et seulement quelques gouttes de la précieuse essence !

GRÈCE

Les 3/4 du pays sont des montagnes ou des collines. Le plus haut, c'est le **mont Olympe** (2 917 m). Dans la mythologie grecque, les dieux comme Zeus, Apollon... s'y retrouvaient pour festoyer, à l'abri des nuages.

SLOVAQUIE

Une très grande grotte de glace

Les **grottes de Dobsinskà** sont si grandes qu'elles ont longtemps servi de patinoires souterraines ! Aujourd'hui, elles se visitent. Gare au froid, la température y est toujours inférieure à 0 °C !

ZOOM SUR L'ALLEMAGNE

SUPERFICIE 357 000 km²
POPULATION 80,6 millions d'hab.
CAPITALE Berlin

ALLEMAGNE ALLEMAGNE ALLEMAGNE ALLEMAGNE ALLEMAGNE ALLE

N° 1

L'Allemagne est le pays le plus peuplé de l'Union européenne. **85 %** de la population vit en ville. Berlin, la capitale, qui frise les 5 millions d'habitants ; Hambourg, qui dépasse les 3 millions, et Munich et ses 2,5 millions d'habitants.

Le Zugspitze est le plus haut sommet. Il culmine à 2 964 m.

LE SAIS-TU ?!?

À la fin de la Seconde Guerre mondiale, il y a 70 ans environ, l'Allemagne était occupée par ses vainqueurs. En 1949, elle fut divisée en 2 : la République Fédérale d'Allemagne (R.F.A), à l'ouest, et la République Démocratique Allemande (R.D.A), à l'est. En 1961, un mur, avec des miradors, est construit : il sépare la ville de Berlin en 2. Ce n'est qu'en novembre 1989 qu'une petite brèche sera faite dans le mur, puis une plus grande, jusqu'à sa chute complète… C'est la réunification de l'Allemagne, celle que tu connais aujourd'hui.

Ton record

L'Allemagne est le 3e producteur mondial d'automobiles. Peux-tu citer 2 marques allemandes d'autos ?

*Réponses possibles : Volkswagen, Audi, BMW, Opel…

La ville aux 2 300 ponts ? Hambourg, au nord de l'Allemagne.

ZOOM SUR LA FRANCE

SUPERFICIE 670 922 km^2
(549 000 de km^2 en métropole).
POPULATION 66 millions d'hab.
(63,9 millions en métropole).
CAPITALE Paris

C'est qui le plus haut ?

Le **mont Blanc**, dans le massif des Alpes. Mais, pour les géographes, mesurer sa hauteur est un vrai casse-tête. Son sommet n'est pas toujours couvert par la même épaisseur de glace ! Actuellement on l'estime à **4 810,45 m** d'altitude !

Vous prendrez du fromage ?

La France est le plus gros producteur de fromage. Plus de 350 choix possibles quand arrive l'heure du fromage. Camembert ? Emmental ? Roquefort ? Brie ou crottin de Chavignol ? Lequel préfères-tu ?

Au top du tourisme !

79 millions de visiteurs par an, c'est le pays le plus visité du monde ! La France est réputée pour sa gastronomie, ses bons vins, ses paysages variés et la richesse de son architecture.

(((((574,8 km/h

Record de vitesse sur rails !

Le TGV français ? Plus rapide que ses concurrents ! En essai, c'est à dire sans voyageur, il dépasse les **570 km/h**.

Le plus grand domaine skiable au monde : les Trois-Vallées dans les Alpes.

Ton record

Retrouve sur la carte p. 8-9 où se jette la Loire, le plus long fleuve de France (1 006 km).

* Dans l'océan Atlantique.

La course cycliste, le tour de France, ce n'est pas loin de 3 500 km en 3 semaines !

ZOOM SUR LA RUSSIE (EUROPE)

SUPERFICIE 3 960 500 km²
POPULATION 107,7 millions d'hab.
CAPITALE Moscou

LE SAIS-TU ?!?

Avec ses 3 702 km, la Volga est le plus long fleuve d'Europe et il est 100 % russe ! Son cours est aménagé de barrages qui forment de grands réservoirs d'eau douce. Au fil de l'eau, on traverse des forêts ou des steppes, des villes, des palais… et de nombreuses industries !

60 000

C'est le nombre d'œuvres exposées au **musée de l'Ermitage** à Saint-Pétersbourg. 1 000 salles, 3 millions d'objets en réserve, le plus grand musée du monde !

Insolites ces œufs !

Entre Nijni-Novgorod et Bor, on traverse la Volga en **télécabines** : 1 000 passagers par heure. C'est ingénieux et efficace !

Moscou, une capitale à records

- La plus grande ville de Russie et d'Europe.
- Le plus grand nombre d'usagers du métro par jour en Europe.
- Le plus vieux centre commercial : le *Goum* inauguré il y a 120 ans.
- La plus grande forteresse au centre d'une ville : le Kremlin...
- Et, pour finir, la reine des cloches, la plus lourde de tous les temps, elle pèse 200 tonnes, n'a jamais été achevée et n'a jamais sonné !

1/4 de la superficie de la Russie est en Europe mais 3/4 des Russes y vivent !

ZOOM SUR L'ITALIE

SUPERFICIE 301 000 km^2
POPULATION 59, 8 millions d'hab.
CAPITALE Rome

De nombreux records pour l'Etna !

Le **plus grand** et le **plus haut** volcan d'Europe. Sa taille varie en fonction de ses éruptions : il aurait pris 75 m en 100 ans ! Le plus actif aussi ! Des dizaines et des dizaines d'éruptions depuis ces 100 dernières années. Enfin, le plus surveillé car ses pentes sont habitées et aménagées.

La plus grande île

Située à tout juste 3 km du bout de la botte, c'est la Sicile. Cette région autonome d'Italie est aussi la plus grande île de la Méditerranée.

LE SAIS-TU ? ?!?

Le site le plus visité est le Colisée de Rome, le plus grand amphithéâtre romain. Incroyable : les Romains avaient imaginé un système pour protéger les spectateurs du soleil ou de la pluie. Un immense velum, c'est-à-dire un voile grand comme 3 ou 4 terrains de foot, était tendu et hissé par 2 000 marins. Une vraie prouesse technique !

Ton record

Retrouve sur la carte
p. 8-9 **le Pô. Avec ses 650 km, c'est le plus long fleuve du pays et il est 100 % italien !**

Du simple au double

Rome, la capitale, possède 2,7 millions d'habitants. Milan, la 2e plus grande ville, en compte la moitié. Combien y a-t-il de Milanais ?

* 1,35 millions.

ZOOM SUR LA POLOGNE

SUPERFICIE 312 000 km^2
POPULATION 38,5 millions d'hab.
CAPITALE Varsovie

10 000

C'est le nombre de lacs en Pologne qui se place ainsi en **2e position** juste après la Finlande.

Le plus haut sommet ?

Le mont Rysy à **2 499 m** dans le massif des Tatras.

Un vrai désert !

32 km^2 de sable, le désert de **Błędów** sur les plateaux de Silésie est l'un des 5 déserts naturels d'Europe.

1/4 de la Pologne est recouvert de forêts. De nombreux parcs nationaux abritent des espèces rares en Europe : le loup gris, l'ours brun et le lynx d'Eurasie notamment.

La mine de sel la plus célèbre du monde ?

Celle de Wieliczka ! Opérationnelle pendant 700 ans. Aujourd'hui, on parcourt ses **300 km** de galeries et on y admire un lac de sel, des grottes et une incroyable chapelle, aux murs et aux statues directement sculptés dans le sel.

Le plus grand labyrinthe végétal

Il a ouvert récemment, à **Dobrzyca**, mais, bien sûr, il a été imaginé et planté il y a plus de 10 ans. Aujourd'hui, les charmes sont touffus, robustes et taillés ! Le plus petit parcours mesure 1 km. Pas de panique, on finit toujours par trouver la sortie !

ZOOM SUR L'ESPAGNE

SUPERFICIE 506 000 km²
POPULATION 46,6 millions d'hab.
CAPITALE Madrid

FIRST CLASS ESPAGNE FIRST CLASS

L'Espagne occupe les 3/4 de la péninsule Ibérique qu'elle partage avec le Portugal et l'Andorre. C'est le 4e plus grand pays d'Europe après la Russie, l'Ukraine et la France.

LE SAIS-TU ?!?

La célèbre sucette *Chupa Chups*, que tu connais bien et qui a déjà fêté ses 50 ans a eu l'honneur d'avoir son logo dessiné par un grand artiste espagnol. Le peintre Salvador Dalí a imaginé la fameuse marguerite reconnue dans le monde entier ! 40 milliards de sucettes sont vendues par an et pas moins de 50 parfums existent !

14 km seulement séparent Gibraltar de la côte marocaine. Mais, curieusement, Gibraltar est un territoire du Royaume-Uni !

C'est la course !

Le monument le plus visité en Espagne est l'**Alhambra** à Grenade. Très vite arrive derrière la Sagrada Familia, cette cathédrale du IIIe millénaire, réalisée par l'architecte Gaudí à Barcelone. Débutée en 1882, elle est toujours en travaux !

ZOOM SUR LE ROYAUME-UNI

SUPERFICIE 243 000 km²
POPULATION 64,1 millions d'hab.
CAPITALE Londres

Le plus haut sommet du Royaume-Uni est le Ben Nevis, en Écosse. Il culmine à 1 344 m. L'hiver, 80 % du temps, il disparaît dans le brouillard et il y pleut (presque) 4 fois plus qu'à Londres !

Ton record

Sur la carte p. 10-11, retrouve les capitales de l'Angleterre, de l'Écosse et du Pays de Galles.

* Londres, Édimbourg et Cardiff.

L'**Angleterre** est la nation la plus peuplée et la plus étendue du Royaume-Uni qui regroupe l'Angleterre, l'Écosse, le pays de Galles, l'Ulster (Irlande du Nord) et plein de petites îles.

5 000 ans

C'est l'âge du site préhistorique le plus célèbre d'Europe : **Stonehenge**. Imagine 4 cercles de pierres emboîtés les uns dans les autres. Au centre, des pierres monumentales, debout ou couchées. Comment et pourquoi ces monolithes de 50 tonnes ont pu être transportés jusque-là ? C'est un mystère.

Il a fêté ses 150 ans : c'est le métro londonien, 1er à être mis en service en 1863 !

180 000...

... spectateurs se sont rendus chaque jour au Parc olympique de Londres pour les Jeux d'été 2012. As-tu vu le Jamaïcain **Usain Bolt**, détenteur de nombreux records d'athlétisme, remporter ses 3 médailles d'or ?

ZOOM SUR LA SUÈDE

SUPERFICIE 449 964 km²
POPULATION 9, 6 millions d'hab.
CAPITALE Stockholm

N° 2 !

Un pont-tunnel, à la fois routier et ferroviaire, de **7 845 m** de long relie la Suède au Danemark, de la ville de Malmö à celle de Copenhague. C'est le plus long pont de Suède.

Question de taille

La Suède a presque la taille de la France, mais elle est 7 fois moins peuplée. Elle reste quand même le plus peuplé des pays nordiques.

100 % jour, 100 % nuit

Au nord de la Suède, au-delà du cercle polaire arctique, le soleil ne se couche jamais en été. Il est là 24h /24 ! L'hiver, au contraire, il ne se lève pas. Il y a juste un peu de lumière pendant quelques heures. Même à Stockholm, pourtant située au sud du pays, les journées d'été durent 18 h environ !

Pionnière, la Suède créait il y a plus de 100 ans les premiers parcs nationaux. Aujourd'hui, on en compte 29 !

Les forêts de conifères couvrent plus de la moitié du pays. Un atout que les Suédois ont su exploiter. Ils sont surtout les 1ers en Europe à utiliser plus d'énergie renouvelable, le bois, bien sûr, que de pétrole, une énergie fossile !

insolite !

Tout au nord de la Suède, il existe un hôtel tout en neige et en bloc de glace qui est reconstruit chaque année en hiver ! Réservation obligatoire !

INCROYABLES VOLCANS

Vivants ou éteints. Jeunes ou anciens. Sages ou explosifs. Sur Terre ou sous la mer. Surveillés, redoutés ou sacrés.
40 000 volcans, tous différents !

Le mont Fuji, au Japon, est un volcan inactif mais pas éteint. Pour de nombreux Japonais, c'est une montagne sacrée. Les temples se succèdent sur le chemin qui mène à son sommet.

Le **Kilauea**, sur l'île d'Hawaï. Le « baby vulcano » fait parler de lui car, depuis 30 ans, ses coulées de lave sont incessantes !

zzZZ !!!

Tu dors ou pas ?

Regarde sa forme ! Le **piton de la Fournaise**, sur l'île de la Réunion est un volcan bouclier. Il est toujours redouté et très surveillé !

Trafic aérien perturbé, vols annulés en avril 2010... le panache de **l'Eyjafjöll**, au sud de l'Islande, brouille les pistes !

Le **Popocatepetl**, un nom imprononçable pour un volcan mexicain toujours actif. Son nom signifie « la montagne qui fume » !

Tragédie antique

Le **Vésuve**, il y a 2 000 ans, recouvre sans prévenir de cendres la ville romaine de Pompéi, en Italie.

80 volcans jeunes et éteints, avec des formations différentes, c'est **la chaîne des Puys** en Auvergne. Le plus haut ? Le puy de Sancy. Le plus vaste ? Le mont du Cantal.

Ça suffit ce bruit !

On raconte que son explosion d'août 1883 a retenti jusqu'à 5 000 km à la ronde. Le **Krakatoa**, un volcan indonésien bruyant et encore actif !

L'AFRIQUE

Médaille d'argent

Située au sud de l'Europe, l'Afrique est le 2e **continent** par sa superficie. Du nord au sud, il s'étale sur **8 000 km** et, d'ouest en est, sur **7 400 km**.
On le divise souvent en 3 parties :

- **l'Afrique du Nord**, au nord du désert du Sahara ;
- **l'Afrique noire** ou subsaharienne, au sud du désert du Sahara ;
- **l'Afrique australe**, au sud de l'équateur.

Moitié Moitié

La ligne de l'équateur partage, d'une manière pratiquement égale, l'Afrique en deux.

50 °C et plus à l'ombre !

L'Afrique, c'est le continent des déserts ! On y trouve, entre autres, **le désert de Nubie** à l'est, le **désert du Kalahari** au sud et le **Sahara**, le plus grand désert chaud du monde, au nord. À lui seul, il couvre presque 1/3 de l'Afrique. Record absolu de chaleur pour la **Libye** avec 58,2 °C en 1992 ! Mais attention, la nuit, les températures peuvent parfois descendre autour de 0 °C.

Des forêts géantes

Les forêts du Congo, autour de l'équateur, sont les 2e plus grandes au monde, derrière celles de l'Amazonie, en Amérique du Sud.

Pays de sécheresse

En Afrique, en moyenne, une femme parcourt **6 km** à pied par jour pour trouver l'eau nécessaire à la vie de sa famille.

De la neige et des glaciers en Afrique

On n'y trouve pas d'immenses chaînes de montagnes, mais des monts plutôt isolés. Le sommet le plus élevé, le **Kilimandjaro**, en Tanzanie, au sud du Kenya, culmine à **5 895 m**. Son sommet est enneigé, bien étonnant pour un volcan proche de l'équateur !

Ton record

Regarde bien la carte. À l'est, on dirait une corne de rhinocéros ! Retrouve les 4 pays qui forment la « corne de l'Afrique ».

*Somalie, Djibouti, Érythrée et Kenya.

éléphantesque !

L'éléphant d'Afrique est le plus gros animal vivant sur terre. Géant, il peut atteindre **7 m** de long et **4 m** de haut. Son poids est équivalent à celui de 5 ou 6 voitures ! Il parcourt la savane à la recherche d'eau et de pâturage. Pas toujours facile de trouver **100 à 200 kg** de végétaux chaque jour pour assouvir sa faim.

L'AFRIQUE

LE SAIS-TU? ?!?

À la fin du XIXe siècle, presque tous les États d'Afrique étaient colonisés. Le XXe siècle fut le siècle des retours à l'indépendance. Le dernier pays à avoir acquis son indépendance est le Soudan du Sud en 2011. L'Afrique est le continent qui compte aujourd'hui le plus d'États indépendants.

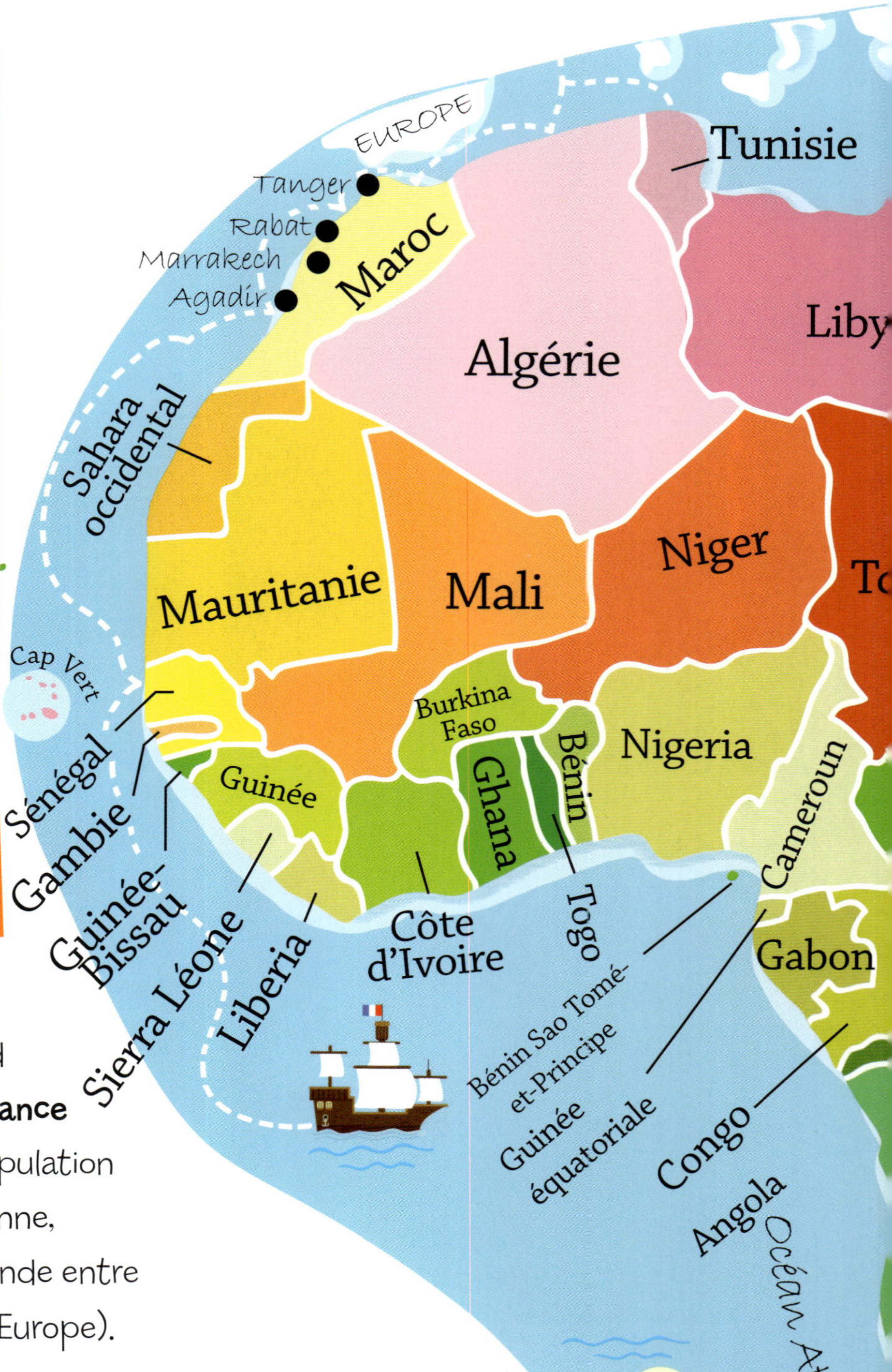

N° 2 démographique

L'Afrique est le **2e continent** le plus peuplé : plus d'un milliard d'habitants ! Grâce à une **croissance démographique** soutenue, la population ne cesse d'augmenter. En moyenne, une femme africaine met au monde entre 4 et 5 enfants (contre 1 à 2, en Europe).

Allô !?

Dring ! Dring ! Dring !

Il y a **650 millions** de téléphones portables sur ce continent. On trouve donc plus de téléphones mobiles en Afrique qu'aux États-Unis, ou encore qu'en Europe !

Bla, Bla, Bla,

2 000 langues sont parlées en Afrique. C'est 1/3 des langues en usage dans le monde !

Nos plus lointains ancêtres

Notre arrière-arrière... grand-mère est une australopithèque de 3,2 millions d'années. Prénommée **Lucy**, elle a été découverte il y a 40 ans, en Éthiopie. Notre arrière-arrière-arrière... grand père, **Toumaï**, aurait environ 7 millions d'années. Il a été trouvé au Tchad, en 2001. Ces deux grandes découvertes laissent à penser que l'Afrique serait le berceau de l'humanité.

Rien qu'en Afrique !

Les **griots** sont des conteurs ou des chanteurs africains. Ils racontent les croyances et les exploits, les joies et les peines de leur pays. On naît griot, on ne le devient pas, c'est un don familial. De père en fils donc, les griots enseignent et transmettent leurs techniques et leurs savoirs.

Les premiers de la classe

L'**éducation** reste une priorité pour de nombreux pays africains. Des progrès significatifs ont été réalisés ces dernières années :

- L'**Éthiopie** a doublé sa proportion d'enfants scolarisés en quelques années.
- Le **Burundi** et le **Zimbabwe** favorisent l'accès à l'éducation en supprimant les frais de scolarité.
- Le **Kenya**, le **Cameroun**, le **Sénégal** et le **Burkina Faso** construisent des écoles.

L'AFRIQUE DANS TOUS SES ÉTATS

TUNISIE — Des décors de taille

Différents épisodes de *Star Wars*, la fameuse saga de Georges Lucas, ont été tournés en Tunisie dans le **désert de Tataouine.** Son nom inspira-t-il G. Lucas ? Sûrement ! Tatooine est une planète bien connue de l'univers de fiction de *Star Wars*. Le seigneur de Sith, Dark Vador, et Luke Skywalker y vécurent de nombreuses années. Certaines scènes des *Aventuriers de l'arche perdue*, l'un des volets des aventures d'Indiana Jones, y ont aussi été tournées.

LIBYE — Des travaux colossaux

Le projet de la Grande Rivière Artificielle, en plein **désert de Libye**, est le 2e chantier au niveau mondial pour son coût et son importance. Près de 30 ans de travaux programmés dès 1983 pour pomper, à environ 600 m (parfois même à 800 m) de profondeur, l'eau des nappes souterraines et créer une rivière artificielle alimentant le pays. Depuis 1991, les Libyens de certaines grandes villes ont de l'eau au robinet. Tripoli, la capitale, n'a été alimentée qu'en 2007… Tu avais quel âge cette année là ?

LE SAIS-TU ?

Les 220 pyramides nubiennes, dans l'actuelle région nord du Soudan, furent érigées pour abriter les tombeaux des rois et des reines des royaumes de Napata et de Méroé. Plus petites et plus récentes que les pyramides égyptiennes, elles sont 2 fois plus nombreuses !

MALI

Comme une poterie géante !

La **mosquée de Djenné**, au Mali, est la plus grande au monde réalisée en pisé, c'est-à-dire en terre argileuse. Construite entre 1906 et 1907, elle mesure 75 m de largeur et de longueur, et 20 m de haut. Depuis 1998, elle est classée au patrimoine mondial de l'Unesco.

Les petits devant, les grands derrière

Au Rwanda et au Burundi, les **Watusis** atteignent souvent plus de 2 m. Les **pygmées Mbuti**, en République démocratique du Congo, sont au contraire très petits. Ils mesurent environ 1,40 m.

Brillantissime

Le Botswana, la République démocratique du Congo, l'Angola, la Namibie et l'Afrique du Sud fournissent la moitié des **diamants** de la planète.

ZOOM SUR L'ÉGYPTE

SUPERFICIE 1 001 000 km^2
POPOPULATION 84,7 millions d'hab.
CAPITALE Le Caire

Le plus GRAND fleuve d'Afrique !

Sans le **Nil** (le plus long fleuve du monde avec l'Amazone) il n'y aurait pas tant de vie dans le désert égyptien ! Ses eaux fertilisent le sol sur 1 200 km environ et irriguent la vallée. Grâce à lui, fruits, légumes, blé et canne à sucre poussent ! Aujourd'hui, 95 % des égyptiens vivent dans sa vallée, sur seulement 5 % de la superficie du pays !

Le Caire, la plus GRANDE ville d'Égypte mais aussi d'Afrique !

Une des sept...

La **pyramide de Kheops** est la plus haute pyramide sur le plateau de Gizeh. C'est également la seule des 7 merveilles du monde à toujours exister. Construite il y a plus de 4 500 ans, elle mesure 147 m. Son poids frise les 6 millions de tonnes.

C'est grâce à la **pierre de Rosette**, un fragment de stèle de l'Égypte antique, que **Champollion** a pu déchiffrer les hiéroglyphes des pyramides.

Sauvés des eaux !

Avec ses 11 m de haut et ses 3,6 km de long, le **barrage d'Assouan** est l'un des plus grands du monde. Sa construction a permis de maîtriser le Nil et ses crues. Les temples d'Abou Simbel qui devaient disparaître sous les eaux furent déplacés pierre par pierre et remontés à l'identique, en altitude, pour ne plus avoir les pieds dans l'eau.

La population de l'Égypte a quadruplé en 60 ans !

ZOOM SUR LE MAROC

SUPERFICIE 447 000 km^2
POPULATION 33 millions d'hab.
CAPITALE Rabat

Chapeau les chameaux !

10 fois plus résistant que l'homme à la chaleur, le chameau est le vaisseau du désert. Il transporte jusqu'à **150 kg**, ne craint pas les vents de sable et régule sa température. Il est capable d'ingurgiter **100 l** d'eau en **10 min**, mais aussi de ne pas boire pendant une dizaine de jours. D'ailleurs, « être sobre comme un chameau » signifie ne pas boire... d'alcool !

La plus GRANDE ville du Maroc n'est pas sa capitale, mais Casablanca.

Le plus haut

Les montagnes occupent les 2/3 du Maroc. Situé au sud de Marrakech, le **Jbel Toubkal**, dans la chaîne du Haut-Atlas, culmine à 4 167 m. C'est le point culminant d'Afrique du Nord.

La ville la plus touristique ?

Marrakech brasse chaque année plus de **2 millions** de visiteurs. Elle est très réputée pour sa médina, sa vieille ville, l'une des plus vastes du Maroc.

Ton record
En 2015, le Maroc organise sa 2e Coupe d'Afrique des nations de football. Les matchs auront lieu à Rabat, Marrakech, Tanger et Agadir. Retrouve les sur la carte p. 26-27.

LE SAIS-TU ? ?!?

Il y a 700 ans, Ibn Battûta, infatigable voyageur, parcourt 120 000 km en… 28 ans ! Parti pour aller faire un pèlerinage à La Mecque, son périple le conduira jusqu'en Chine *via* l'Égypte, l'Afghanistan et bien d'autres pays !

ZOOM SUR LE KENYA

SUPERFICIE 580 000 km^2
POPULATION 44,2 millions d'hab.
CAPITALE Nairobi

La ligne imaginaire de l'équateur traverse surtout des océans et seulement quelques pays. Le Kenya en fait partie. Elle traverse encore plus rarement des villes ; l'une d'elles est kényane, c'est **Nanyuki** au sud-ouest du mont Kenya.

75 % de la population est rurale.

Un double record !

Le **mont Kenya**, « la montagne de l'Autruche », culmine à presque 5 200 m d'altitude. C'est la plus haute montagne du Kenya et la 2e plus haute d'Afrique, après le Kilimandjaro, en Tanzanie. Son surnom fait allusion au noir et blanc du plumage de l'autruche mâle.

De grands sportifs

2013 était l'année des Kényans. En août, le Kenya remporte **12 médailles** (dont 5 en or) au Championnat du monde d'athlétisme, se plaçant en 3e position après les États-Unis et la Russie. En septembre, Wilson Kipsang Kiprotich bat le **record du monde** de marathon en 2 h 12 et 11 s. Il améliore le record déjà détenu par un autre kényan !

Le Kenya est le 2e pays d'Afrique à posséder le plus d'oiseaux : 1 137 espèces.

ZOOM SUR LE NIGERIA

SUPERFICIE 924 000 km²
POPULATION 174,9 millions d'hab.
CAPITALE Abuja

Le Nigeria est le pays le plus peuplé d'Afrique, mais il n'est pas le plus grand.

Des ressources énergétiques immenses

Le Nigeria est le 1er **producteur** d'Afrique de pétrole brut. Cependant, son économie profite plus aux dirigeants et aux multinationales qu'aux Nigérians. Le comble ? Les Nigérians ne sont pas mieux lotis pour autant. Très souvent, ils doivent faire la queue aux pompes des stations-service !

Lagos

Lagos est la plus grande ville du pays. Elle est aussi la 2e plus grande ville d'Afrique après Le Caire, en Égypte, et à égalité avec Kinshasa, en République démocratique du Congo. C'est aussi l'un des plus grands ports d'Afrique.

60 % de la population dispose d'un accès à l'eau salubre.

Nollywood !

1 500 films produits par an, souvent sortant directement en vidéo. « **Nollywood** », un surnom qui rime avec « Hollywood » et le rêve américain. Le Nigeria est la 2e puissance cinématographique au monde.
2 familles nigériennes sur 3 possèdent un lecteur vidéo !

ZOOM SUR MADAGASCAR

SUPERFICIE 587 00 km^2
POPULATION 22,5 millions d'hab.
CAPITALE Antananarivo

Les écoliers marchent parfois 1 h pour aller à l'école.

Une explosion démographique

Un village de quelques habitants il y a 10 ans, **Ilakaka** est aujourd'hui une ville de plus de 100 000 habitants qui vit autour de l'exploitation des mines de saphirs. Il faut parfois descendre à plus de 80 m pour remonter la précieuse pierre. En 2012, d'autres mines ont été découvertes à **Didy**. Chercheurs et acheteurs accourent : les mines exploitables sont juste à 2 m de profondeur et les pierres sont plus grosses qu'à Ilakaka !

Les plus grandes toiles d'araignées !

L'**araignée de Darwin** tisse des toiles immenses et très résistantes.
Une seule araigée par toile,
souvent tissée au-dessus d'une rivière.
Certains fils mesurent 25 m !

Madagascar, une arche de Noé

100 000 espèces d'invertébrés ;
300 espèces d'oiseaux ;
150 espèces de serpents... ;
Et des lémuriens, qui n'existent nulle part ailleurs !

Pschitt ! Pschitt !

Les **moustiques** aussi sont nombreux, mais les Malgaches se protègent de mieux en mieux de leurs piqûres (moustiquaires, insecticides...). Le paludisme recule ainsi à Madagascar. Une lutte sans fin !

zOOM SUR L'AFRIQUE DU SUD

SUPERFICIE 1 221 00 km^2
POPULATION 53 millions d'hab.
CAPITALE Pretoria, Le Cap, Bloemfontein

AFRIQUE DU SUD AFRIQUE DU SUD AFRIQUE DU SUD AFRIQUE DU SUD

Vous avez dit zoulou ?

Le peuple **zoulou** est un peuple guerrier à l'origine, qui conserve encore aujourd'hui ses rites, ses musiques et ses croyances. Sa langue, le zoulou, est une des 11 officielles d'Afrique du Sud et est donc parlée par de nombreux Sud-Africains.

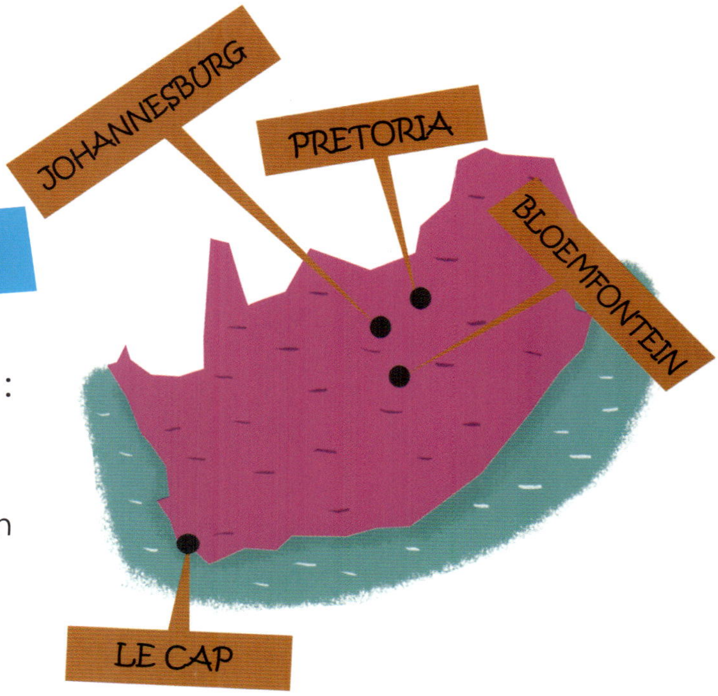

3 capitales officielles

L'Afrique du Sud possède plusieurs capitales : **Pretoria** (politique), **Le Cap** (législative) **Bloemfontein** (judiciaire). **Johannesburg**, quant à elle est la plus grande agglomération et le plus grand centre économique.

Un sous-sol extrêmement riche : fer, charbon et or.

Le prisonnier politique le plus célèbre ?

Ton record
L'Afrique du Sud est le seul pays à avoir un État complètement enclavé dans le sien. Retrouve le Lesotho sur la carte de la p. 26-27.

Nelson Mandela (1918-2013) séjourna 27 ans en prison avant de devenir le 1er président noir d'Afrique du Sud. C'est la fin de plus de 100 ans d'injustice pour les Noirs. Il consacra sa vie à lutter contre l'apartheid. Ce régime interdisait aux Noirs de se mélanger aux Blancs, par exemple, ils devaient fréquenter des écoles ou des hôpitaux différents.

INCROYABLES DÉSERTS

1/3 de la terre est recouverte de déserts. C'est beaucoup ! On comprend mieux ce chiffre si l'on sait que le désert n'est pas que sable et chaleur !

Le Sahara : Une dizaine de pays traversés et 30 % du territoire de l'Afrique.

Recouvert à 98 % de glace, **l'Antarctique** est un désert polaire ! Il faut être un manchot pour s'y installer à vie, les scientifiques n'y restent, eux, que quelques semaines !

Le **salar d'Uyuni** miroite sur les hauts plateaux de Bolivie, en Amérique du Sud. C'est un désert de sel. Des tonnes et des tonnes de sel de... cuisine !

Un décor de Far West en Europe ? C'est le **désert de Tabernas** en Espagne : collines arides, canyons et soleil. Idéal pour tourner des westerns !

Ayers Rock est un gigantesque rocher de grès rouge au milieu du désert australien. C'est un lieu sacré : il abrite rites et croyances des aborigènes.

Le **désert de Sonora** est le plus grand d'Amérique du Nord. Il est réputé pour ses cactus géants et ses nuits étoilées !

Le **désert du Namib,** en Namibie, est le plus vieux désert d'Afrique et du monde ! Il y pousse une plante rare, la *Welwitschia mirabilis*, elle n'a que 2 feuilles et vit plus de 2 000 ans !

On a marché sur la Lune !

Non ! Seulement dans la **vallée de la Lune**, en Argentine ! Des dunes, des falaises rouges... Et des roches toutes rondes, disposées çà et là.

AMÉRIQUE DU NORD ET AMÉRIQUE CENTRALE

Médaille de bronze

L'Amérique du Nord est le **3e** plus grand continent.

Des montagnes en série !

À l'ouest, côté Pacifique, **la chaîne des Rocheuses** s'étire, du nord au sud, sur environ **4 800 km**. Son plus haut sommet ? Le mont Elbert, presque 4 400 m !

Les Appalaches, à l'est, culmine à **2 300 m**. Les pentes sont couvertes de forêts et abritent de nombreux animaux.

Un château d'eau !

Les Rocheuses sont le point de départ de nombreuses rivières et fleuves qui se jettent dans les **3 océans** qui bordent l'Amérique du Nord. Le Rio Grande dans l'Atlantique, le Colorado ou le Columbia dans le Pacifique et le Mackenzie dans l'Arctique.

Quelques records !

La région la plus chaude ? La vallée de la Mort, en Californie.
Le geyser le plus haut ? Dans le parc de Yellowstone, dans le Wyoming.
Le sommet le plus haut ? Le mont McKinley, presque 6 200 m, en Alaska.

LE SAIS-TU ?!?

Un isthme est une bande de terre étroite qui réunit 2 étendues de terre. Un bel exemple ? Celui de l'Amérique centrale qui permet de passer d'un continent américain à l'autre !

Une barrière naturelle

Les Antilles, un long alignement d'îles, séparent la mer des Caraïbes de l'océan Atlantique. Des milliers de kilomètres de côtes, aux magnifiques plages, malheureusement souvent dévastées par des tempêtes.

Ton record

Au milieu des grandes plaines, entre Appalaches et Rocheuses, se trouvent les Grands Lacs. Il y en a 5. Retrouve-les sur la carte !

* Lacs Supérieur, Michigan, Ontario, Érié et Huron.

Combien de visiteurs pour les Rocheuses ?

3 millions par an !

AMÉRIQUE DU NORD ET AMÉRIQUE CENTRALE

LE SAIS-TU ?!?

L'Amérique du Nord, c'est :
- **3 grands États :** le Canada, les États-Unis et le Mexique ;
- **22 autres États** répartis sur l'Amérique centrale et les Caraïbes ;
- **18 dépendances** d'un État étranger.

Chacun des 3 grands États détient son propre record :
- **le Canada :** le plus grand ;
- **les États-Unis :** le plus peuplé ;
- **le Mexique :** la plus grande ville, Mexico.

Ils sont combien sur le continent américain ?

465,3 millions de personnes en Amérique du Nord,
42 millions en Amérique centrale,
34,8 millions aux Antilles,
5,1 millions pour les dépendances,
Soit un total de plus de **545 millions d'habitants** !

La plus longue frontière ?

6 415 km

entre le Canada et les États-Unis.

Une exception

Toutes les îles des Caraïbes font partie de l'Amérique du Nord sauf une : **Trinité-et-Tobago**, qui dépend de l'Amérique du Sud.

Ton record

Retrouve sur la carte, les 7 « petits » pays, sur ce continent de géants, situés au sud de l'isthme qui relie les deux Amériques formant l'Amérique centrale.

*Du plus grand au plus petit : Le Nicaragua, le Honduras, le Guatemala, le Panama, le Costa Rica, le Belize et le Salvador.

Les langues les plus parlées

L'**anglais** au États-Unis et au Canada. L'**espagnol** en Amérique centrale. Le **français** au Canada et dans certaines îles des Caraïbes. Et, plein, plein, plein de langues créoles, ou indigènes, au Guatemala et dans les îles Caraïbes par exemple.

L'AMÉRIQUE DU NORD DANS TOUS SES ÉTATS

En millions de dollars...

Les États-Unis et le Canada font partie des 20 pays les plus riches du monde.
On paie en dollars aux États-Unis et en dollars canadiens au Canada.

La monnaie utilisée au Mexique est le peso.

Tout petit petit petit

Le plus petit des oiseaux, le colibri, vit dans les forêts tropicales d'Amérique centrale.

PANAMA

Mis en service il y a 100 ans !

Ces 76 km de canal évitent d'en faire des milliers. Le canal de Panama relie l'océan Pacifique à l'océan Atlantique en... 9 h environ !

JAMAÏQUE

Avec plus de 200 millions de disques vendus, Bob Marley fait découvrir la musique jamaïcaine et le reggae au monde entier.

COSTA RICA

EXCEPTIONNEL

1/3 du pays est recouvert de forêt ! Sa jungle regorge d'une faune et d'une flore exceptionnelles : perroquets, toucans, tamanoirs et orchidées par milliers !

CUBA

Ne pas se mélanger les pesos !

Deux monnaies circulent à Cuba.
Le peso cubano, la monnaie nationale utilisée par les Cubains et le peso cubano convertible, le CUC (prononcez « couk ») pour les touristes surtout. Attention, ils n'ont pas la même valeur.

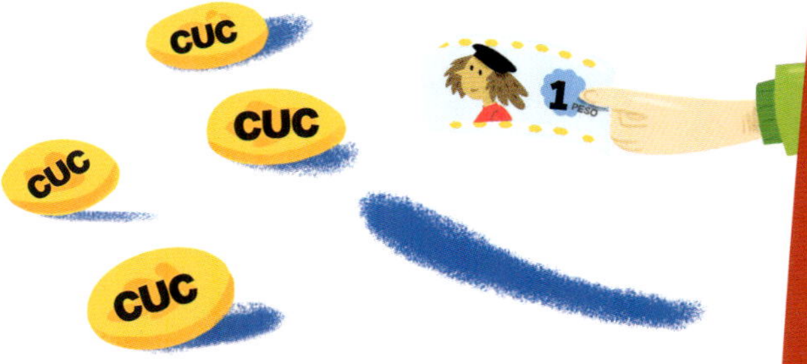

BELIZE

La plus longue barrière de corail de l'hémisphère nord et la 2e après celle d'Australie ? Celle du Belize. Elle s'étend sur presque 300 km. C'est le paradis des plongeurs. À vos masques, tubas ou bouteilles, pour une virée sous-marine !

Habitat protégé

Les forêts de mangrove et les lagons côtiers du Belize abritent des espèces menacées : des tortues marines, des lamantins et même le fameux crocodile marin d'Amérique !

L'oiseau national du Belize : l'ara.

HAÏTI

Deux fois !

En 2010, la terre a tremblé 2 fois à 8 jours d'intervalle, faisant de nombreuses victimes et des dégâts colossaux. Maisons, tours de contrôle, hôpitaux... tout reste à reconstruire.

GUATEMALA

La langue officielle du Guatemala est l'espagnol, mais, comme la population est majoritairement formée d'Indiens, on y entend encore beaucoup de langues amérindiennes !

LE SAIS-TU ?

Je vous dois combien ?
3 quetzals. On ne paie pas en oiseaux au Guatemala mais avec une monnaie qui en porte le nom ! Les Mayas, ancêtre des Guatémaltèques, vénéraient cet oiseau. Leurs longues plumes étaient un objet de luxe. La monnaie d'aujourd'hui est un clin d'œil à cette ancienne civilisation.

ZOOM SUR LE CANADA

SUPERFICIE 9 984 670 km^2
POPULATION 35,5 millions d'hab.
CAPITALE Ottawa

Le 2e plus GRAND pays en superficie, après la Russie.

202 080 km

Le pays qui a le plus de **kilomètres de côtes** au monde. Normal, sa frontière naturelle à l'ouest est le Pacifique, à l'est, l'Atlantique, et l'océan Arctique au nord.

Le pays des lacs : on en compte plus de 31 700 !

LE SAIS-TU ?!?

Une gigantesque zone verte au nord du Canada

40 % du Canada est recouvert de forêts protégées par des lois et des réglementations les plus strictes au monde. Entre la toundra gelée de l'Arctique et les forêts tempérées, plus au sud, pousse une forêt de conifères résistant au froid : des pins, des mélèzes, quelques feuillus, des bouleaux… Cette forêt gigantesque est un poumon pour la Terre, un refuge pour des animaux en tout genre : caribous, grizzlis, oiseaux qui s'y reproduisent par milliers. Le sol est riche en ressources naturelles. Plus facile de compter les humains : 4 millions de personnes y vivent et y travaillent.

Ké c'est qu'tu m'dis là ?

Les deux langues officielles sont l'anglais et le français, surtout parlé dans la région du Québec. Mais gare aux expressions insolites ! Par exemple, **« tanker son char »** signifie mettre de l'essence dans le réservoir de sa voiture !

Impressionnant !

Les chutes du Niagara, célèbres dans le monde entier, ont gelé en partie en janvier 2011. Les températures ont dégringolé à des valeurs inférieures à **- 30 °C !**

GLA !!!! GLA !!!! GLA !!!!

Un bon score pour les dinosaures

40 squelettes complets de dinosaures à découvrir au musée de paléontologie d'Alberta.

Le fleuve Saint-Laurent

Ce n'est pas le plus long du Canada, mais, à lui seul, il représente 1/4 des **réserves mondiales** d'eau douce.

Ton record

Toronto est la ville la plus peuplée du Canada suivie de Montréal et de Calgary. Ottawa, la capitale, n'arrive qu'en 4e position. Retrouve ces villes sur la carte p. 40-41.

50 000

C'est le nombre d'Inuits qui vivent au Nunavut, dans le nord du Québec ou du Labrador. Leurs enfants apprennent le inuktitut, un dialecte inuit, à l'école.

Dis-moi, c'est quelle heure ?

La route transcanadienne traverse le pays d'est en ouest, **8 000 km** de route nationale traversant **5 fuseaux horaires**. Résultat : il faut régler sa montre régulièrement !

ZOOM SUR LES ÉTATS-UNIS

SUPERFICIE 9 630 709 km²
POPULATION 317,6 millions d'hab.
CAPITALE Washington D.C.

Les 50 étoiles du drapeau américain symbolisent les 50 États du pays.

LE SAIS-TU ?!?

Hawaï est l'État américain le plus récent. C'est le seul à ne pas être rattaché au continent, c'est une île. Il abrite des espèces rares : le phoque d'Hawaï, la tortue verte… Il est également le plus étudié par les volcanologues car ses volcans sont très actifs.

Le 3ᵉ pays le plus peuplé au monde après la Chine et l'Inde.

Les États-Unis ont la taille du continent européen et 17 fois la taille de la France métropolitaine !

Les 3/4 des Américains vivent en ville !

New York est la plus grande ville. C'est aussi la 2ᵉ ville la plus peuplée du monde ! Et, loin derrière, **Los Angeles** en Californie, **Chicago** dans l'Illinois, **Houston** au Texas… **Washington**, la capitale fédérale, n'arrive qu'en 24ᵉ position.

Le plus grand parc d'attractions

Il s'agit du Walt Disney World, à Orlando dans l'État de Floride qui s'étend sur 120 km² avec 6 parcs différents, pour tous les âges et tous les goûts !

La période où les Américains se déplacent le plus ?

Au mois de novembre, pour **Thanksgiving**, une fête traditionnelle en souvenir des premiers pèlerins du *Mayflower*.

La statue de la Liberté est le monument le plus célèbre de New York et des États-Unis.

Ça pique tout là-haut ?

Le **désert de Sonora**, à cheval sur l'Arizona et la Californie, est la plus grande zone désertique d'Amérique du Nord, réputée pour ses cactus qui atteignent 15 m de haut !

Le fleuve Colorado

Il a sculpté le plus grand canyon du monde, le **Grand Canyon**. Il traverse des régions arides et son eau est régulièrement pompée. En effet, à **Las Vegas**, la plus grande ville des jeux d'argent, en plein désert Mohave, l'un des plus secs de la région, on tente de lutter contre le gaspillage de l'eau.

Les séquoias de Californie mesurent plus de 115 m de haut !

Des tornades ravageuses

Des courants froids et secs rencontrent de l'air chaud et humide... Plus de 1 000 tornades secouent ainsi les États-Unis chaque année, en particulier les États du **Texas**, de l'**Oklahoma**, du **Kansas** et du **Missouri**.

ZOOM SUR LE MEXIQUE

SUPERFICIE 1 972 550 km^2
POPULATION 113,7 millions d'hab.
CAPITALE Mexico

Un peu de géographie

Plus de 11 000 km de côtes maritimes, de nombreux volcans, 150 fleuves et rivières dont peu sont navigables. La moitié du Mexique est à plus de 1 500 m d'altitude et son point culminant, le **Pic d'Orizaba**, frise les 5 675 m.

Mexico est la plus grande ville d'Amérique du Nord et la 2e du monde.

L'espagnol au top !

Le Mexique est le pays hispanophone le plus peuplé. L'espagnol est couramment parlé, mais 2 langues indigènes sont encore souvent utilisées : le *nahuatl* (hérité des Aztèques) et le *maya yucatèque* (hérité des Mayas) !

Le Mexique occupe 1 % de la surface de la Terre mais représente 10 % de sa faune et de sa flore.

Au top de pyramides

La plus haute pyramide antique ?
La pyramide du soleil à Teotihuacan (65 m).
La pyramide la plus connue ?
Celle du site Maya à Chichén Itza.

ZOOM SUR LES ÎLES DES CARAÏBES

Les îles des Caraïbes sont éparpillées dans l'océan Atlantique sur une superficie proche de celle de la Grande-Bretagne. Certaines sont des États, d'autres, des territoires ou des dépendances.

La plus peuplée et la plus grande ?

C'est l'île de **Cuba**, haut la main ! Île la plus peuplée devant la **République dominicaine** et **Haïti**, elle possède aussi la plus grande superficie : 111 000 km^2 !

Le roi de la mangrove

Dans cette drôle de forêt, c'est le **palétuvier**. Cet « arbre aux échasses », nommé ainsi grâce à la forme de ses racines, pousse les pieds dans l'eau salée et dans un sol mou. Ses racines abritent une faune incroyable comme le crabe violoniste ou encore le poisson aux gros yeux.

L'île Papillon

Elle est facile à reconnaître, c'est la **Guadeloupe**, avec sa forme de papillon ! La plus petite aile, à l'est, c'est... Grande-Terre. Elle est couverte de champs de cannes à sucre et ses plages sont réputées. À l'ouest, c'est Basse-Terre dominée par le volcan de la Soufrière. Elle est recouverte au 3/4 par la forêt tropicale humide. Ses richesses ? Des fougères, des orchidées, des oiseaux... et des espèces rares de chauve-souris.

L'île aux fleurs

À 7 000 km de la France, la **Martinique** est surnommée « l'île aux fleurs ». En effet, sa forêt tropicale se compose d'une grande variété de fleurs ; mais aussi de fougères et d'arbres.

Une plage par jour ?

Sur **Antigua**, l'île des Antilles, on trouve 365 plages.

INCROYABLES FLEUVES

Tranquille ou tumultueux, navigable ou non, sans fin ou très court. Leur point commun ? Ils se jettent tous dans une mer ou un océan.

Avant de se jeter dans l'océan Atlantique, Le **Mississippi,** aux États-Unis, s'étale sur un vaste delta. C'est le paradis des alligators, tatous, pélicans et écrevisses !

Les barrages du **Paraná** fournissent en électricité le Brésil, le Paraguay et l'Argentine.

Le **Gange**, qui traverse l'Inde et le Bangladesh, est un fleuve sacré pour les Hindous qui viennent s'y purifier. Paradoxalement, c'est un fleuve très pollué !

Avant de se jeter dans la mer de Chine, le **Mékong** se divise en un delta qui regorge de poissons, riz, fruits... vendus sur des marchés flottants !

Plus de 100 millions d'Africains vivent grâce aux ressources du **Niger**. Mais, attention, le fleuve s'ensable !

Le **Zambèze** arrose 6 pays africains. C'est aux chutes de Victoria qu'il est le plus spectaculaire : un rideau de 1 700 m de large sur 100 m de haut !

Le **Danube** traverse ou longe 10 pays. Il arrose 4 capitales : Vienne, Bratislava, Budapest et Belgrade !

L'Amour, qui traverse la Chine et la Russie n'est navigable que 150 jours par an ! Il est gelé le reste du temps.

L'AMÉRIQUE DU SUD

L'Amérique du Sud est un peu plus petite que l'Amérique du Nord.

BRRR !

Le sud de l'Amérique du Sud n'est qu'à un millier de kilomètres de l'Antarctique. L'ensemble du territoire connaît donc une grande variété de climats. **Paradoxe climatique** : les régions les plus au sud comme la Patagonie et l'île de Terre de Feu, proches de l'Antarctique, possèdent les climats les plus extrêmes : vent, pluie ou neige en abondance.

LE SAIS-TU ?!?

L'Amazone est un fleuve géant. Il se dispute avec le Nil, en Afrique, le record du plus long fleuve du monde ! Il prend sa source à plus de 5 200 m d'altitude dans les Andes, au Pérou. Il se jette dans l'océan Atlantique plus de 7 000 km plus loin ! Environ 500 rivières le rejoignent tout le long de son cours. Son bassin recouvre 40 % de la superficie de l'Amérique du Sud !

Des records dans tous les sens

La cordillère des Andes est une chaîne de montagnes continue de 7 250 km ! Le mont **Aconcagua**, en Argentine, culmine à 6 962 m. Sa hauteur est presque égale à la longueur de la chaîne à laquelle il appartient !

Titi quoi ? Un double record !

On trouve très peu de lacs sur le continent sud-américain. Le plus grand, le **lac Titicaca**, est situé entre la Bolivie et le Pérou, à plus de 3 800 m d'altitude. C'est aussi le plus haut lac navigable du monde.

La région la plus arrosée ?

Autour de la ville de Tutunendo, en **Colombie**. On relève une moyenne annuelle des précipitations de 11 770 mm. Il faut donc imaginer presque 12 m de pluie accumulée ! C'est-à-dire environ 10 fois plus qu'en Normandie, une région française déjà bien arrosée.

Record de sécheresse

Dans le **désert d'Atacama**, au Chili, il tombe moins de 1 mm de pluie par an ! Ce désert hyperaride est l'endroit de la terre qui ressemblerait le plus à la planète Mars. La NASA y effectue des tests de véhicules et de robots destinés à sonder ensuite le sol de Mars.

Ton record

Retrouve 5 villes d'Amérique du Sud sur la carte.

*Brasilia, Lima, Santiago, Caracas et Montevideo.

Aucun pont, aucun barrage, ne traversent l'Amazone !

L'AMÉRIQUE DU SUD

LE SAIS-TU ?!?

Tous les États d'Amérique du Sud ont été colonisés par les Européens, les Portugais, les Espagnols… Aujourd'hui, ils ont tous acquis leur indépendance. La plupart, il y a plus de 200 ans, comme le Chili et la Colombie, et d'autres plus récemment, comme le Suriname indépendant depuis 1975.

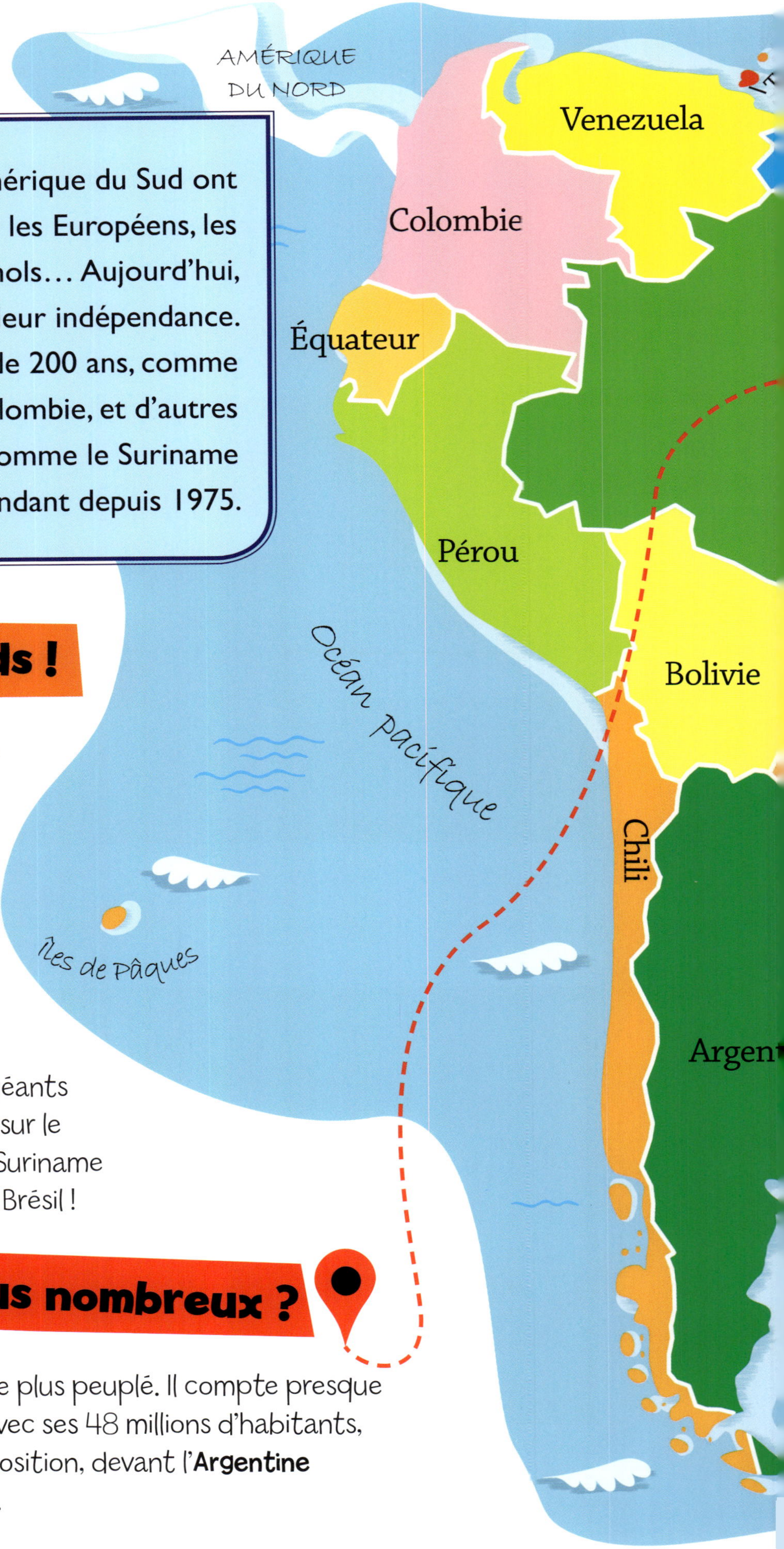

Peu mais grands !

Peu d'États pour l'Amérique du Sud, mais certains sont immenses !
Le **Brésil** est le plus grand (8 515 000 km²) du monde, suivi de l'**Argentine** (2 780 000 km²) et du **Pérou** (1 285 000 km²). De vrais géants comparés aux autres États sur le continent ! Par exemple, le Suriname est 52 fois plus petit que le Brésil !

C'est qui les plus nombreux ?

Le **Brésil** est de loin le pays le plus peuplé. Il compte presque **200 millions** de Brésiliens. Avec ses 48 millions d'habitants, la **Colombie** se place en 2ᵉ position, devant l'**Argentine** qui en compte 41,3 millions.

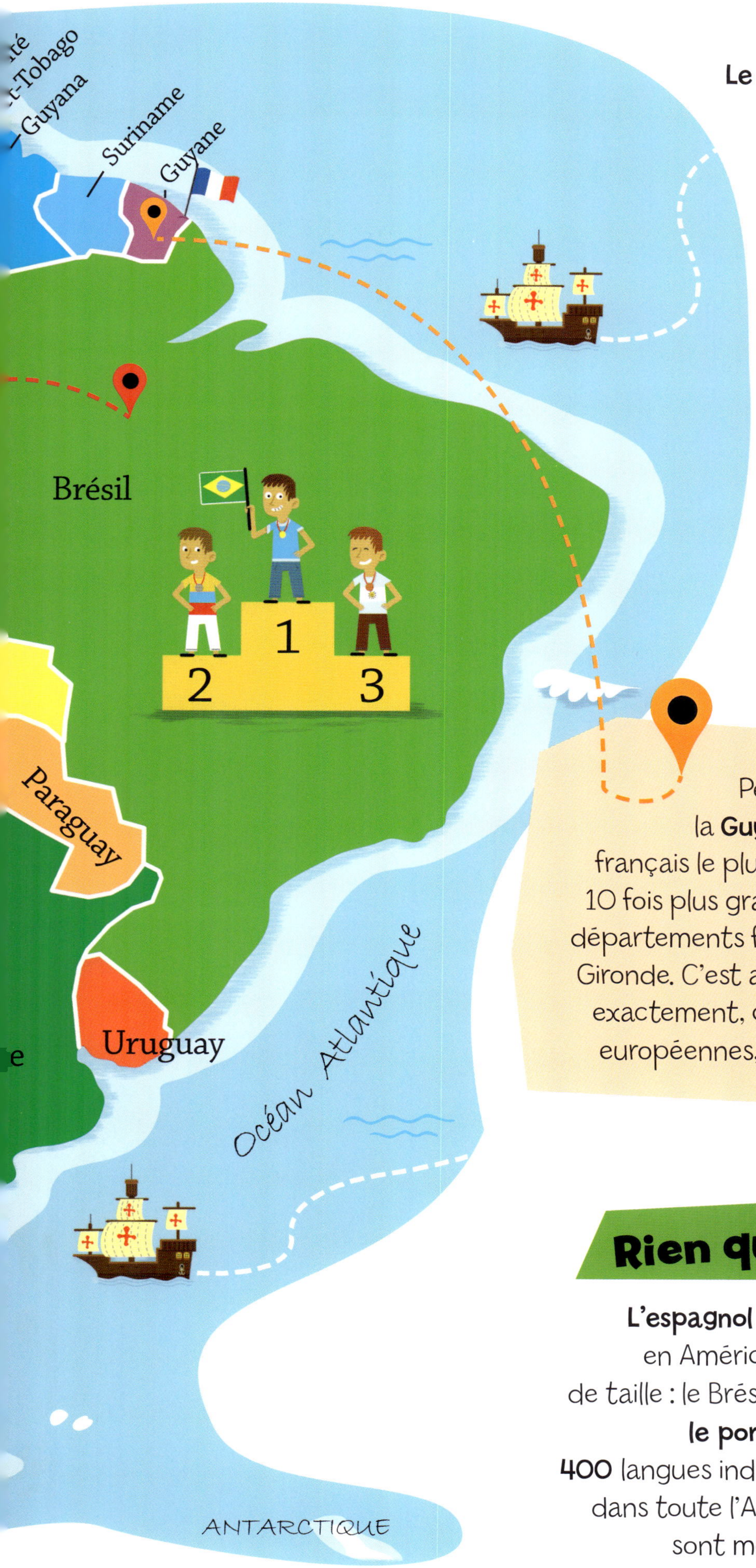

Guyana contre Guyane

Le Guyana est le 4e plus petit État d'Amérique du Sud. C'est une ancienne colonie anglaise, on y parle donc anglais, bien sûr, mais aussi créole et autres langues indigènes. On y paie ses achats en dollars guyanais. À ne pas confondre avec la Guyane, une région et un département français, qui est beaucoup plus petit. On y parle français, ou créole, et on règle ses courses en euros !

Bon à savoir

Petite à l'échelle américaine, la **Guyane** reste le département français le plus étendu ! Il est quasiment 10 fois plus grand que le plus étendu des départements français de la métropole, la Gironde. C'est aussi de Guyane, de Kourou exactement, que sont lancées les fusées européennes, comme *Ariane* ou *Soyouz*.

Rien que l'espagnol ?

L'espagnol est la langue la plus parlée en Amérique du Sud. Une exception de taille : le Brésil, où la langue officielle est **le portugais**. Par ailleurs, **300 ou 400** langues indigènes sont encore parlées dans toute l'Amérique du Sud. Certaines sont même des langues officielles.

L'AMÉRIQUE DU SUD DANS TOUS SES ÉTATS

PARAGUAY

L'anaconda jaune, ou anaconda du Paraguay, est un peu plus petit que le vert, mais encore très grand et tout aussi dangereux ! Il mesure entre 2 et 3 m. Certains spécimens atteignent 5 m !

Paradis des oiseaux et... ÉQUATEUR

Comme son nom l'indique, il est situé sur **l'équateur terrestre**, une ligne imaginaire faisait le tour de la Terre, marquant la séparation entre l'hémisphère nord et l'hémisphère sud. Il est **30 fois** plus petit que le Brésil, mais on y rencontre autant d'espèces d'oiseaux. C'est aussi le royaume du lama, de la vigogne et du renard des Andes, en prairies d'altitude.

Une ville aux nombreux records

Guayaquil est la plus grande ville de l'Équateur. Elle compte plus de 4 millions d'habitants alors que Quito, la capitale, n'en compte que 2,1 millions. Guayaquil est aussi le plus grand port du pays et la ville avec le plus de chantiers navals pour construire, entretenir et réparer les bateaux qui transitent par l'Équateur.

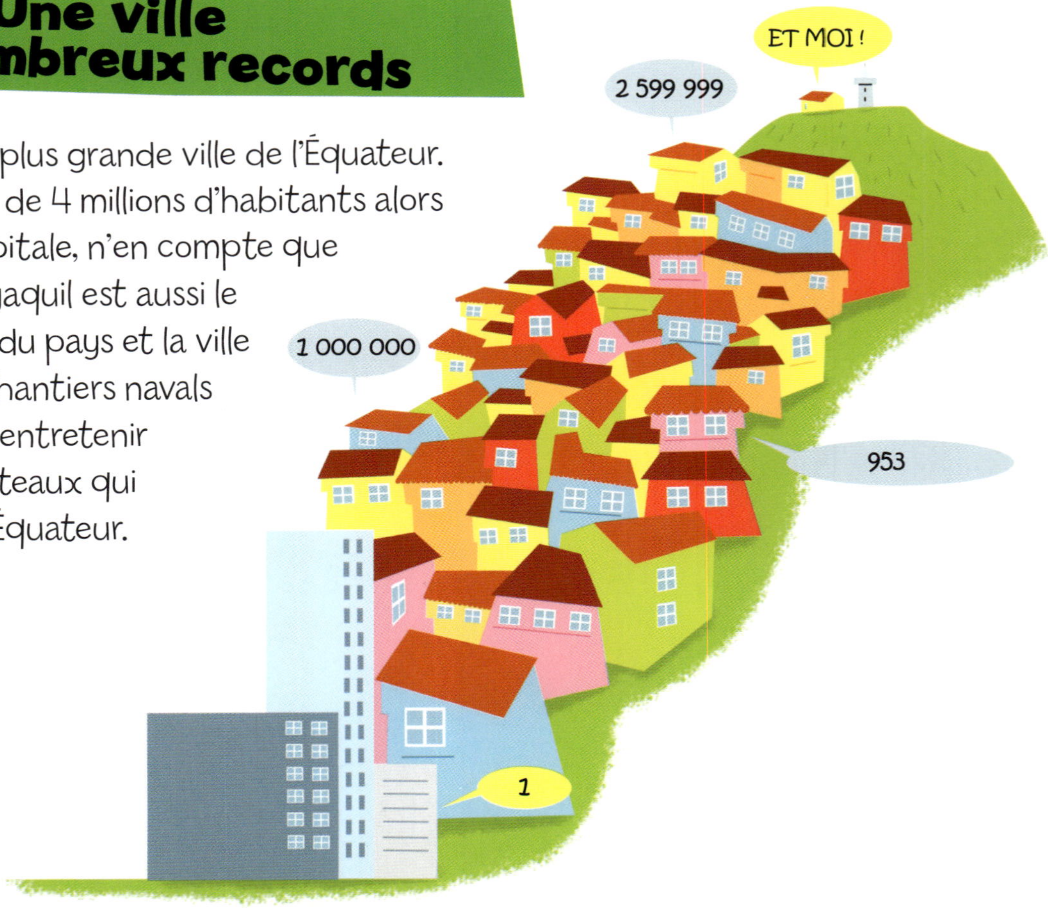

LE SAIS-TU ?!?

Les îles Galápagos, au large du Pacifique, dépendent de l'Équateur. Darwin, un biologiste britannique du XIXe siècle, travaillait sur l'évolution des espèces. Il séjourna sur ces îles pour y étudier sa faune et sa flore exceptionnelles. Aujourd'hui, on y rencontre encore des espèces rarissimes : des iguanes, des tortues géantes, des crabes rouges…

COLOMBIE

Ça brille !

La Colombie est le 1er **producteur mondial d'émeraude.**
Le record : une émeraude de plus de 10 000 carats, pesant 2,3 kg environ !

Que d'eau !

La Colombie est le seul pays d'Amérique du Sud à être bordé à la fois par l'océan Pacifique et par l'océan Atlantique. Plus de la moitié de l'eau douce du continent « circule » en Colombie. Beaucoup de pluies, de rivières et de fleuves !

Vraiment en l'air !

La seule ville de Colombie à avoir son métro : **Medellín.** C'est aussi le 1er métro à être équipé de télécabines aériennes !

URUGUAY

La 1re coupe du monde de football

Elle se déroula en Uruguay, en **juillet** 1930. Les finalistes étaient l'Argentine et… l'Uruguay qui remporta la victoire !

zOOM SUR LE BRÉSIL

SUPERFICIE 8 515 000 km^2
POPULATION 195,5 millions d'hab.
CAPITALE Brasilia

Le Brésil est le **5e plus grand** pays du monde ! Il couvre plus de la moitié de l'Amérique du Sud et partage ses frontières avec tous ses États sauf 2 : le Chili et l'Équateur.

À chaque ville son record !

Les plus grandes villes abritent de nombreux records.
São Paulo totalise 240 gratte-ciel, même s'ils ne sont pas très hauts.
Rio de Janeiro est réputée pour son carnaval et son Corcovado, une sculpture du Christ de 35 m de haut.
Brasília, la capitale et la plus récente, fut construite il y a à peine plus de 50 ans !

Le poumon de la Terre

C'est **l'Amazonie**, la forêt tropicale qui couvre presque la moitié du Brésil. Ses arbres oxygènent le monde et abritent 1/3 des espèces animales... Les hommes doivent la protéger en exploitant son bois d'une manière réfléchie. Quelques tribus amérindiennes y vivent encore : les Awas ou les Kayapos.

Des records incontestés

Le Brésil est le seul pays à avoir joué à toutes les éditions de la **Coupe du monde de football**. En plus, il accumule le plus de buts marqués (210 !) et le plus de victoires (64). Résultat : le Brésil a été sacré 5 fois champion de la Coupe du monde de football !

ZOOM SUR LE CHILI

SUPERFICIE 756 000 km^2
POPULATION 17,6 millions d'hab.
CAPITALE Santiago

80 % du territoire !

Les hauts plateaux de la **cordillère des Andes** atteignent 4 000 m et ses sommets dépassent les 6 000 m. Certains sont des volcans ! Situés sur la ceinture de feu, on en dénombre 2 000, dont encore 500 actifs. L'**Ojos del Salado**, n'est jamais rentré en éruption, mais ses fumerolles sont le signe de son activité ! Il culmine à 6 934 m, c'est le plus haut sommet du Chili.

LE SAIS-TU ? ?!?

Le détroit de Magellan sépare le sud de l'Amérique du Sud de la grande île de Terre de Feu. Ce passage naturel entre l'Atlantique et le Pacifique fut découvert lors du 1er voyage autour du monde, en 1519, par Fernand de Magellan. Il hérita le nom de cet explorateur portugais.

L'île de Robinson Crusoé

À 650 km des côtes chiliennes se trouve l'île de **Más a Tierra**. Un marin écossais, Alexander Selkirk, y aurait vécu il y a plus de 200 ans, seul pendant… 4 ans ! C'est son aventure qui inspira le roman *Robinson Crusoé* à Daniel Defoe.

1 seul pays, 3 continents

Les **4 200 km** de long du Chili s'étirent sur l'Amérique du Sud, mais le Chili possède aussi des territoires en Antarctique et sur l'île de Pâques, en Océanie, au large du Pacifique.

ZOOM SUR L'ARGENTINE

SUPERFICIE 2 780 000 km²
POPULATION 41,3 millions d'hab.
CAPITALE Buenos Aires

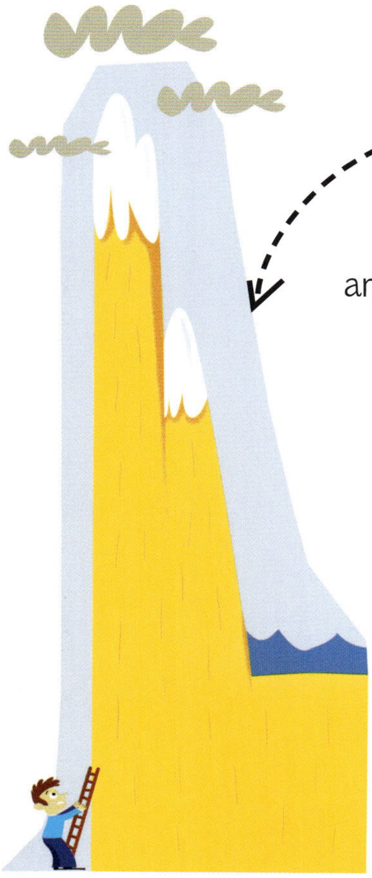

Des écarts de taille !

L'Argentine cumule 2 records de taille. D'une part, on y trouve le point culminant du continent américain, le **mont Aconcagua** (6 962 m). D'autre part, le point le plus bas est en Patagonie : la **lagune du Charbon**, à - 105 m au-dessous du niveau de la mer.

Avec 5 150 km, la frontière terrestre entre l'Argentine et le Chili est la 3e plus longue.

Un recordman des années 1950

Juan Manuel Fangio a été 5 fois champion du monde de Formule 1. C'est à lui que fait référence l'expression « se prendre pour Fangio », qui signifie conduire à toute vitesse ! Petite anecdote : il paraît que Fangio n'a passé son permis de conduire qu'une fois à la retraite, retiré des circuits de courses automobiles !

Le premier !

En 2013, pour la 1re fois, un pape est d'origine sud-américaine. C'est le pape **François Ier**.

Un peu d'histoire

Ushuaia est une ville située sur l'archipel de la Terre de Feu, tout au sud de l'Argentine, quasiment inhabitée mais avec une faune et une flore exceptionnelles. C'est aussi la ville la plus australe au monde, c'est-à-dire celle située le plus au sud.

ZOOM SUR LE VENEZUELA

SUPERFICIE 912 000 km²
POPULATION 29,7 millions d'hab.
CAPITALE Caracas

Unique !

Avec ses 13 200 km² le **lac Maracaibo** est le plus grand lac du Venezuela. Il est le seul lac du monde à être directement relié à la mer !

Toujours plus haut

Le **pic Bolivar** dans la cordillère des Andes culmine à près de 5 000 m. Il est équipé du plus haut téléphérique de la planète.

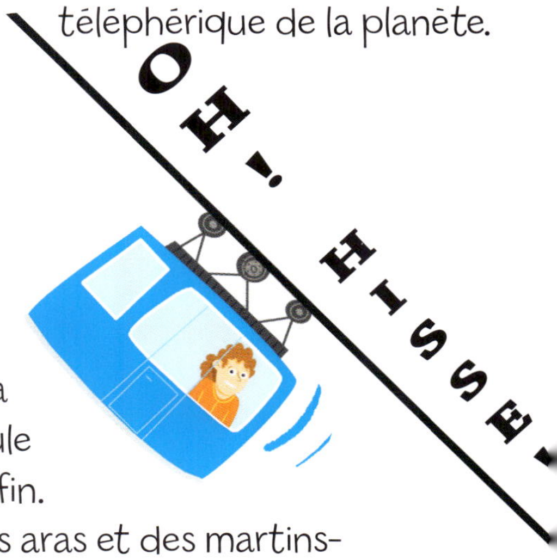

L'Orénoque, un grand fleuve

Le **delta de l'Orénoque** est un dédale d'îlots où la végétation s'enroule et se déroule sans fin. C'est le paradis des aras et des martins-pêcheurs, des singes et des caïmans. Le **crocodile de l'Orénoque**, l'un des plus grands de son espèce, est en voie de disparition.

En voiture Simone !

Le Venezuela est le pays où l'essence est **la moins chère au monde !** Un plein de carburant coûte moins de 1 €. Ces prix attractifs s'expliquent : le sol du Venezuela est riche en pétrole. C 'est d'ailleurs le 8ᵉ producteur de pétrole brut du monde.

Vertigineux !

La plus haute chute d'eau du monde est au Venezuela. **El Salto Ángel** mesure 979 m, soit l'équivalent d'un building de 400 étages !

Improbable !

Sur un continent où le **foot** est roi, le Venezuela est le seul pays à n'avoir participé à aucune coupe du monde !

Ton record

Retrouve l'Orénoque sur la carte **de la p. 52-53**

ZOOM SUR LE PÉROU

SUPERFICIE 1 285 000 km^2
POPULATION 30,5 millions d'hab.
CAPITALE Lima

Médaille de bronze

C'est le **3e plus grand** pays d'Amérique du Sud en superficie. La moitié du Pérou est recouverte par la forêt amazonienne.

Très haut

335 km, 68 ponts, 61 tunnels...
La 2e ligne de chemin de fer la plus haute au monde relie **Lima à Huancayo**. Attention au mal d'altitude, à Ticlio, le train franchit un col à plus de 4 800 m. À quelques mètres près, c'est la hauteur du mont Blanc.

Ça tremble !

La terre tremble régulièrement au Pérou. **À l'école**, on apprend aux enfants les mesures de sécurité en cas de séismes. Par exemple, se mettre sous son bureau pour se protéger.

Ton record

Retrouve le temple du Soleil, l'édifice le plus grand, le plus richement décoré et le plus sacré des Incas (et le titre d'un album de Tintin !) sur la carte de la p. 52-53.

LE SAIS-TU ?

Le Machu Picchu
Cette cité inca, vieille de 500 ans, perchée à plus de 2 430 m, est si bien enfouie dans la forêt tropicale qu'elle a été découverte il y a tout juste 100 ans. Pour la préserver, son accès est régulé. Il est devenu impératif de réserver sa place pour visiter le site. Seulement 2 500 touristes par jour sont autorisés à le découvrir !

zOOM SUR LA BOLIVIE

SUPERFICIE 1 099 000 km²
POPULATION 11 millions d'hab.
CAPITALES La Paz, capitale administrative et Sucre, capitale constitutionnelle

Tout là-haut

La Paz est la capitale la plus haute en altitude du monde, 3 700 m ! On y trouve d'ailleurs le stade de foot le plus en altitude. Les joueurs boliviens sont plus entraînés car habitués à cette altitude élevée où l'oxygène se fait plus rare.

La graine d'or bolivienne

Le **quinoa**, une céréale des Andes, autrefois à la base de l'alimentation inca, s'est imposé dans les assiettes des États-Unis, d'Australie ou encore d'Europe. Aujourd'hui, la moitié du quinoa consommé dans le monde provient de Bolivie, c'est le 1er producteur avec le Pérou.

Une île qui n'en est pas une !

C'est en Bolivie qu'est situé le plus vaste désert de sel du monde : le **salar d'Uyuni.** Au centre se trouve la **colline de corail d'Incahuasi** recouverte de centaines de cactus candélabres, dont certains sont âgés de 1 200 ans. Entre janvier et mars, les pluies sont abondantes. Le salar est recouvert de 10 à 15 cm d'eau et la colline se transforme en île !

Des plantes à records

Entre 3 000 et 4 000 m d'altitude, pousse le **quenua**, « le plus haut des arbustes » ou « l'arbre pain », au choix. Une drôle de plante, le ***Puya raimondi***, se fait également remarquer dans la région de La Paz. On raconte qu'il ne fleurirait que tous les 100 ans !

INCROYABLES PHÉNOMÈNES NATURELS

La nature est belle. Parfois, elle nous enchante et nous étonne. Lorsqu'elle se déchaîne, elle nous surprend.

Le plus grand geyser du monde, dans le parc de **Yellowstone** aux États-Unis, s'est réveillé récemment, après 8 ans de pause. Son jet d'eau a atteint 100 m de haut !

Chaque année la **mousson** frappe durement le Cambodge, l'Inde, la Thaïlande... provoquant inondations, crues et évacuations.

100 000 **séismes** sont enregistrés chaque année. La Terre tremble donc un peu, beaucoup ou dramatiquement.

Cyclone dans l'océan Indien, **ouragan** en Atlantique ou **typhon** en Asie : des nuages tournent en spirale au-dessus de mers chaudes entraînés par des vents soufflant à plus de 120 km/h.

Le ciel en furie !

Un nuage étroit qui tournoie, des vents qui soufflent à plusieurs centaines de km/h : la **tornade** dévaste tout sur son passage. C'est violent et bref, toujours accompagné d'orage et de pluie.

Le séisme du 11 mars 2011 provoque un **tsunami** : des vagues gigantesques déferlent sur le Japon, dévastant des villes et la centrale nucléaire de Fukushima.

Lorsque le zouave du pont de l'Alma, à Paris, a les pieds dans l'eau, la Seine est en **crue**. En 1910, il en avait jusqu'aux épaules. Les parisiens ont sorti les barques

Dans le sud de la France en 2013, et dans plusieurs région en 2014 des orages violents en plein été, des **grêlons** de la taille de balle de tennis. Incroyable... mais vrai !

L'ASIE

Un continent géant

L'**Asie**, avec ses 44 000 000 km^2 environ, est le plus grand continent. Il est 4 fois plus étendu que l'**Europe** à laquelle il est accolé. La « frontière » entre les deux est traditionnellement délimitée par l'**Oural**. Résultat ? Une partie de la **Russie** est située en Europe, l'autre en Asie !

Le toit du monde

C'est l'**Everest**, le plus haut sommet du monde, il culmine à 8 850 m environ dans l'**Himalaya**. Cette longue, longue chaîne de montagne traverse le **Tibet**, le **Bhoutan**, le **Népal** et l'**Inde du Nord**. Le « toit du monde » est entouré d'une dizaine de sommets qui dépassent tous les 8 000 m.

Au plus bas

La **mer Morte** est le point le plus bas du monde : - 405 m en dessous du niveau de la mer. C'est plutôt un lac d'eau salée. Il est difficile d'y nager mais on y flotte très très facilement ! Aucun poisson n'y vit, aucune algue ne s'y développe. C'est mort ! Tu comprends mieux son nom ?

LE SAIS-TU ?!?

Le plus profond lac d'Asie est le **Baïkal**, en Russie (- 1 637 m). Surnommé « l'œil bleu de la Sibérie » à cause de sa couleur, il est l'une des plus grandes réserves d'eau douce de la planète.

Interminable désert

Le **désert de Gobi**, le plus grand d'Asie, s'étend à la fois sur la Russie et la Chine. C'est un désert de sable, de plaines mais surtout de pierres et de montagne. Le thermomètre grimpe à 40 °C l'été et chute à - 40 °C en hiver. Tu imagines ? Il gèle dans les dunes de sable ! Les animaux s'adaptent à ces extrêmes. La fourrure du chameau de Bactriane, est un bon isolant été comme hiver ! Les oiseaux migrateurs se contentent d'arbustes car il n'y a pas d'arbre et les gerbilles sortent la nuit !

Ton record

La « ceinture de feu » désigne les volcans alignés sur les 40 000 km de côtes du Pacifique. On y trouve 452 volcans ! Retrouve-la sur la carte.

La plus grande fleur du monde, la rafflésie, pousse en Asie du Sud-Est.

L'ASIE

6 habitants de la Terre sur 10 vivent en Asie. C'est le continent le plus peuplé.

Un record de dénominations !

Un continent si grand que les géographes le divisent pour le nommer ! Certains les classent comme ceci :

- **Proche-Orient :** Arabie saoudite, Émirats arabes unis, Irak, Liban, Turquie...
- **Moyen-Orient :** Afghanistan, Bangladesh, Inde, Iran...
- **Extrême-Orient :** Chine, Indonésie Japon, Thaïlande, Vietnam...

D'autres comme cela :

- **Asie du Sud :** Bangladesh, Inde, Népal...
- **Asie du Sud-Est :** Birmanie (ou Myanmar), Cambodge, Indonésie, Vietnam...
- **Asie de l'Est** Chine, Corée du Sud ou du Nord, Mongolie...

Ou bien encore....
Tu as compris, pas toujours facile de s'y retrouver !

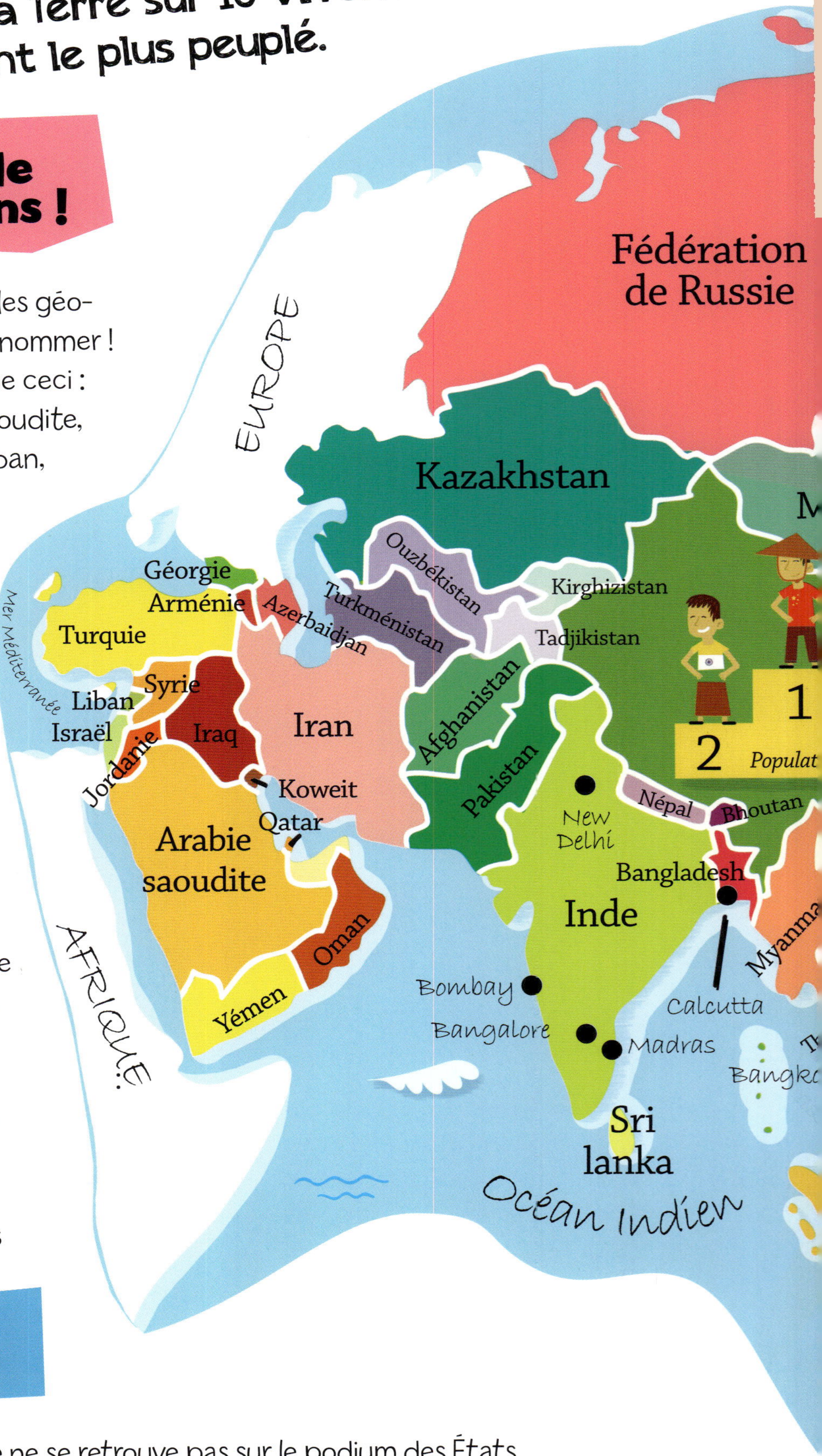

Le podium des géants

Tu remarques que la **Russie** ne se retrouve pas sur le podium des États les plus peuplés ? Elle vient d'ailleurs très loin derrière. Mais tout s'explique ! Une grande partie de la Russie est située sur la zone glaciale arctique. Difficile d'y vivre lorsque la température descend toujours très en dessous de 0 °C !

Les plus jeunes

Autrefois rattachés à l'Union soviétique, des États d'Asie centrale ont obtenu leur indépendance il y a peine plus de 20 ans. Par exemple le **Turkménistan** ou le **Kirghizistan**. Tous se construisent encore en développant leur économie. Le **Kazakhstan** est le 1er producteur mondial d'uranium, l'**Ouzbékistan** est le 2e producteur de coton.

LE SAIS-TU ?

Autrefois, certains pays cherchaient à étendre leur pouvoir et leur territoire loin de leurs frontières habituelles. Ainsi Hong Kong fut un territoire britannique jusqu'il y a une vingtaine d'années. Un traité avait été signé en 1898 entre les Chinois et les Anglais prévoyant le « retour » de Hong Kong à la Chine après… 99 ans ! Chose faite depuis 1997. Hong Kong est à nouveau chinois !

2 pays asiatiques dépassent le milliard d'habitants : la Chine et l'Inde !

L'ASIE DANS TOUS SES ÉTATS

Toujours plus... !

Les plus hauts sommets, les plus grands glaciers, les plus profondes vallées... Avec tous ces superlatifs, on parle de l'**Himalaya**, bien sûr ! Pas moins de 7 États sont traversés par ces imposantes chaînes de montagnes. Dans l'ordre alphabétique : l'**Afghanistan**, le **Bhoutan**, la **Birmanie** (ou Myanmar), la **Chine**, l'**Inde**, le **Népal** et le **Pakistan**.

Étonnant

Istanbul, une ville de Turquie, est à cheval sur 2 continents : L'Asie et l'Europe !
Singapour est à la fois une ville et un État !

Des villes comme Karachi ou Séoul 2 fois plus grandes que Paris et son agglomération.

Made in... !

La plupart des **jouets** sont fabriqués en Asie : Chine, Taïwan, Corée, Philippines... Vérifie sur les tiens !

Sa majesté le cèdre !

Le cèdre est le symbole du Liban. Il figure au centre de son drapeau. Dans la forêt de Bcharré, 2 auraient 3 000 ans et 10 seraient millénaires ! L'un d'eux a été sculpté par un artiste libanais après avoir été foudroyé. Résultat : une sculpture de 32 m et une nouvelle vie pour cet arbre !

THAÏLANDE

Embouteillage

Chao Phraya est le plus grand fleuve de Thaïlande. Sa plaine est peuplée et l'agriculture y est abondante. À **Bangkok**, c'est un festival de ferry, bateaux-taxis ou barques à moteurs ! Sur le bitume, le tuk-tuk est idéal pour sillonner les rues bondées de la capitale !

Miam !
Miam !
Miam !

CAMBODGE

Les plus grands mangeurs de tarentules, de sauterelles ou de coléoptères grillés ? Les Cambodgiens.

ISRAËL

3 fois sainte

Israël, un pays aux frontières non reconnues par tous, mais qui abrite une ville 3 fois sainte : Jérusalem, choisie par les religions juive, chrétienne et musulmane.

L'Arabie saoudite : le 2e plus grand pays du monde arabe après l'Algérie.

LE QATAR

Petit mais grand !

Avec ses 160 km de long et ses 80 km de large, le Qatar est petit en taille mais grand par ses richesses. Grâce à l'exploitation du pétrole et du gaz, cet émirat est devenu l'un des pays les plus riches du monde.

MONGOLIE

100 % écologique

La yourte est la maison traditionnelle des nomades mongols. Pour la confectionner : du bois, du feutre et un grand savoir-faire.

ZOOM SUR LA CHINE

SUPERFICIE 9 561 000 km^2
POPULATION 1 360,7 millions d'hab.
CAPITALE Pékin (en chinois, Beijing)

La Chine, c'est 1/4 de la superficie de l'Asie.

Une agriculture au top

Seuls **10 %** de la surface du sol chinois sont cultivables... Cela n'empêche pas la Chine d'arriver en tête des pays producteurs de céréales, de fruits et légumes et même de bière ou de thé.

Si nombreux

Un Chinois naît toutes les 2 secondes... la Chine est 4 fois plus peuplée que les États-Unis et 1/5 de la population mondiale vit en Chine.

Un aéroport à 4 334 m d'altitude, c'est possible ! Mais il faut prévoir une plus longue piste d'atterrissage car, à cette altitude, l'avion a besoin d'une plus grande distance de freinage. Quand aux trains qui circulent dans la région du Tibet, leurs wagons sont pressurisés comme une cabine d'avion et un masque à oxygène est prévu pour chaque voyageur !

Le Yangzi ? le plus long fleuve chinois et le 3e plus long au monde.

Ton record

Edmund Hillary et le sherpa (un porteur) Tenzing Norgay, sont les premiers, en 1953, à avoir atteint le sommet de l'Everest. Situe-le sur la carte p.66-67.

zOOM SUR LA RUSSIE ASIATIQUE

SUPERFICIE 13 084 900 km²
POPULATION 31 millions d'hab.
CAPITALE Moscou (située dans la partie européenne de la Russie)

75 % de la superficie de la Russie est située en Asie. Seuls **30 %** de Russes y vivent !

Ton record

La taïga, une forêt de conifères et de tourbières, couvre plus de la moitié de la Sibérie, la plus grande région de la Russie asiatique. Retrouve cette région sur la carte p. 66-67.

Des températures extrêmes

En 2012 et 2013, le thermomètre a affiché plusieurs fois des températures proches des **- 55 °C**, à l'est de la Sibérie. À ces températures, une casserole d'eau bouillante déposée à l'extérieur se change rapidement en glace !

Des trésors enfouis dans le sol

Nickel, or, plomb, diamant, argent et zinc !
On trouve de tout dans le sol de Sibérie.
Du pétrole et du gaz naturel parfois difficile aussi à exploiter à cause du froid ! Malgré ces conditions extrêmes, la Russie est le **1er producteur** de pétrole et le **2e** en gaz naturel.

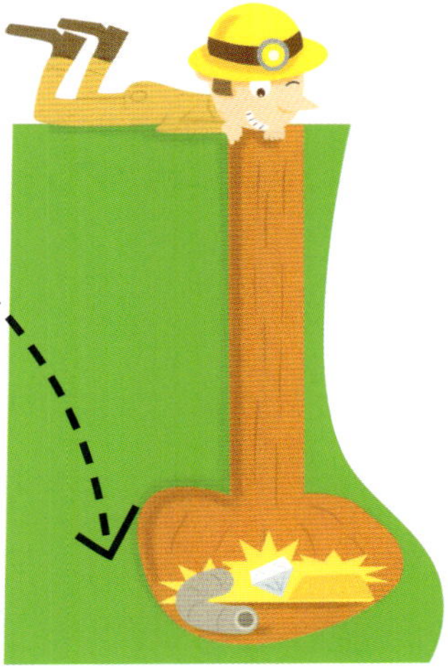

Interminable transsibérienne

Le Transsibérien est la ligne de chemin de fer qui relie Moscou (la capitale située dans la partie européenne de la Russie) à Vladivostok, située à l'extrême sud-est de la partie asiatique, en 1 semaine ! Soit 9 288 km de voies et 990 gares !

zOOM SUR LE JAPON

SUPERFICIE 377 944 km²
POPULATION 127 millions d'hab.
CAPITALE Tokyo

4 grandes îles et des milliers de petites !

Le Japon ? Quatre grandes îles et des milliers de petites. Il est traversé par une chaîne de montagnes volcaniques qui couvre les 3/4 du pays. Les Japonais vivent surtout dans le 1/4 restant, en ville, près des côtes.

Le mont Fuji culmine à 3 800 m.

Le Japon est le 10e pays le plus peuplé, incroyable vu sa taille. Avec plus de 37 millions d'habitants, Tokyo, sa capitale, est une ville tentaculaire. C'est même la plus grande ville du monde. La mégapole est célèbre pour ses quartiers de gratte-ciel, ses vitrines de luxe, ses, parcs, ses temples et... son marché de poissons !

Souvent secoué !

La terre tremble souvent au Japon, 20 volcans sont encore très actifs. Les immeubles sont conçus et construits pour résister aux séismes.

LE SAIS-TU ?!?

Logiciels, électroniques, robots... le Japon arrive presque en tête ! Malgré des rivaux de taille comme les États-Unis et la Chine, c'est une très grande puissance économique pour les produits de haute technologie. Le pays produit et vend aussi de très nombreuses automobiles à l'étranger.

La construction en bois la plus ancienne ?

Un temple bouddhiste, à **Nara**, construit il y a 1 400 ans en mémoire d'un empereur.

Le Japon est le pays où l'on vit le plus vieux au monde. C'est aussi un pays où les femmes ont peu d'enfants.

ZOOM SUR L'INDE

SUPERFICIE 3 287 000 km²
POPULATION 1 276, 5 millions d'hab.
CAPITALE New Delhi

Où y a-t-il le plus d'écoles primaires ?

En Inde ! Alors que paradoxalement l'**école primaire** n'est obligatoire pour les enfants de 6 à 14 ans que depuis 2010.

Ton record

Retrouve sur la carte p. 68-69 les grandes villes d'Inde.

*Réponse : Bombay, New Delhi, Calcutta, Madras, Bangalore.

LE SAIS-TU ?!?

L'industrie en Inde est très développée : autos, trains, fusées, satellites et même bombes atomiques ! Le pays fabrique et vend aussi à l'étranger de très nombreux médicaments génériques. Mais l'Inde reste un pays où une grande partie de la population est pauvre.

Le 3ᵉ œil

Dessinée sur le front, cette marque représente le 3ᵉ **œil de Shiva**. Rouge pour les femmes mariées, noir pour les célibataires ? Pour toutes, c'est un porte-bonheur !

Silence, on tourne !

Le cinéma est la distraction préférée des Indiens. L'Inde produit environ 800 films pour le cinéma par an, soit 2 fois plus qu'aux États-Unis. Un petit clin d'œil aux Américains ? Les studios de Bombay sont surnommés **Bollywood** !

ZOOM SUR LA TURQUIE

SUPERFICIE 784 000 km²
POPULATION 76,1 millions d'hab.
CAPITALE Ankara

La ville aux 3 noms

Istanbul, la capitale de la Turquie, s'est autrefois appelée Byzance puis Constantinople.

Le plus haut sommet

Le **mont Agri** ou **Ararat** culmine à 5 165 m.
La légende raconte que l'Arche de Noé s'y serait immobilisée pendant le déluge.

L'homme le plus grand du monde ?

Le Turc Sultan Kösen, avec ses 2,51 m, est le plus grand homme du monde !

Au top du tourisme !

La Turquie est la 6e destination touristique du monde, notamment pourla mosquée bleue d'**Istanbul**, la **Cappadoce** avec ses habitations troglodytes, **Pamukkale** curiosité géologique avec ses bains chauds et ses vestiges romains !

Le chantier du siècle

Le tunnel sous le détroit du Bosphore, à Istanbul, est creusé à **61 m** de profondeur. Un record ! Le métro souterrain circule depuis 2013 : 4 min pour passer d'un continent à l'autre ! Il est situé dans une zone sismique et les ingénieurs ont prévu une structure flexible comme celle des gratte-ciel.

1 Turc sur 4 a moins de 25 ans !

ZOOM SUR L'INDONÉSIE

SUPERFICIE 1 905 000 km²
POPULATION 248, 5 millions d' hab.
CAPITALE Djakarta

17 000

C'est le nombre d'îles de l'Indonésie, le plus grand archipel du monde, situé dans l'océan Indien !

LE SAIS-TU ?!?

L'école primaire est obligatoire en Indonésie… mais de nombreux enfants travaillent très jeunes dans des ateliers ou dans les champs pour rapporter de l'argent à leur famille. Ils n'ont pas toujours le temps d'y aller.

Le plus vieux, le plus grand, le plus visité ?

C'est le monument bouddhique de **Borobudur**, sur l'île de Java. Un géant de pierres : des Bouddhas en quantité et 2 500 bas-reliefs racontant sa vie.

C'est moi le grand et lui le petit !

Le grand (1,50 m et 100 kg !), l'**orang-outang**, se déplace dans les jungles de Sumatra ou de Bornéo à la recherche de fruits qu'il trie avec soin. Le petit, le **gibbon cendré** de l'île de Java, mesure moins d'1 m mais est rapide comme l'éclair. Ses bonds dépassent les 10 m. Un bon score pour sa taille !

En tête !

L'Indonésie est le **4ᵉ pays** le plus peuplé du monde. L'île de Java, une des plus grandes du pays, est d'ailleurs l'île du monde la plus densément peuplée : 940 hab/km².

INCROYABLES ÎLES

Îles, îlots, atoll, archipel que de mots pour parler de ces terres entourées d'eau, qui nous font souvent rêver...

L'île de Pâques, dans l'océan Pacifique au large du Chili. Presque 900 sculptures gigantesques, les moaïs, surprennent les visiteurs.

Venise, en Italie, est construite sur plus d'une centaine de petites îles. Pas étonnant que les canaux et les ponts y soient si nombreux !

Une île en forme de cœur ? On en connaissait déjà dans les océans, on en a découvert une récemment dans la mer Adriatique : **l'île de Galesnjak**, en Croatie.

Des volcans et des fumerolles, des plages de sable noir, des geysers ou des glaciers... L'**Islande**, une île européenne à la limite du cercle polaire.

Perdues au milieu de l'océan Pacifique, la jungle et les lagons turquoise des **îles Cook** fascinent. Les 15 îles de l'archipel portent le nom de leur premier explorateur.

À l'ouest de l'archipel indonésien, **l'île de Sumatra** reste le dernier paradis naturel pour les orangs-outangs, ces grands singes solitaires et timides.

Le **Qatar**, au Moyen-Orient est une gigantesque presqu'île largement rattachée à l'Arabie saoudite. En France, celle de Quiberon est bien plus petite et rattachée au continent par une étroite bande de terre.

L'archipel des **Galápagos** ? Ces nombreux îles ou îlots de l'océan Pacifique abritent des animaux que l'on dirait tout droit sortis de la Préhistoire : tortues centenaires, iguanes géants...

L'OCÉANIE

L'Océanie, un continent de la taille de la Chine !

Un monde d'îles

L'Océanie, c'est un nombre incroyable d'îles ou d'îlots : **25 000** à **30 000**. 3 sautent aux yeux par leur taille, la plus massive et gigantesque : **l'Australie** ; **la Nouvelle-Zélande**, toute fine, plus au sud et installée sur 2 îles ; et la **Papouasie-Nouvelle-Guinée**, plus au nord. Les autres se regroupent le plus souvent en archipel.

Le **mont Wilhelm**, le plus haut sommet de l'Océanie, culmine à 4 694 m, en Papouasie-Nouvelle-Guinée.

Avoisinant les 11 000 m de profondeur, la **fosse des Mariannes** est la plus profonde au monde. Essaye d'imaginer un creux sous la mer plus profond que l'Himalaya, la plus haute montagne du monde ! Il faut plus de 2 h 30 pour y descendre en mini sous-marin...

Le poisson le plus célèbre ?

C'est le poisson-clown, célèbre star du cinéma... et de la **barrière de corail !** Mais il est loin d'être le seul ! Cette réserve naturelle abrite 1 500 espèces de poissons et de crustacés et 350 espèces de coraux sur près de 2 000 km. C'est un milieu fragile à protéger de la pollution, des plongeurs... et, incroyable, de certaines étoiles de mer qui « attaquent » le corail et s'en nourrissent !

Le continent des espèces uniques au monde !

Un record jamais égalé

L'Océanie est le seul continent à avoir presque autant d'États indépendants que de territoires dépendant d'un autre État. Leur statut est souvent lié à leur passé. Les îles **Fidji**, **Kiribati**, **Salomon**, par exemple, sont des États. Les **îles Hawaï** sont gérées par les **États-Unis**, l'**île de Pâques** par le **Chili** et la **Polynésie française** est une collectivité d'outre-mer rattachée à la **France**.

Le plus petit des continents et le moins peuplé des continents habités.

LE SAIS-TU ?!?

Avant d'être colonisés par les Britanniques, les Aborigènes peuplaient l'Australie, les Maoris la Nouvelle-Zélande et les Papous la Papouasie-Nouvelle-Guinée. Aujourd'hui, ces peuples conservent leurs langues, leurs coutumes et leurs traditions. Ils vivent en groupes, isolés dans la forêt ou regroupés dans des villages. Dans les villes, garder leur identité est plus difficile.

L'OCÉANIE DANS TOUS SES ÉTATS

NAURU

Un oiseau timbré !

La **Rousserolle de Nauru**, représentée sur le timbre local, ne vit que sur la petite ($21\ km^2$ environ) île de Nauru ! Elle y est devenue rare, faute de cocotiers, arrachés pour extraire les minerais du sol.
Les îles voisines étant éloignées, la Rousserolle n'a pas pu s'expatrier. Espèce à protéger !

TUVALU

As-tu vu Tuvalu ?

4e plus petit pays au monde, avec ses $\mathbf{26\ km^2}$!
Ils sont moins de 12 000 habitants, répartis sur les 9 atolls de corail.
L'eau potable étant rare, les Tuvaluans importent de l'eau pour leur consommation courante !

Nivé est le seul pays à offrir un réseau wi-fi libre et gratuit.

LE SAIS-TU ?!?

La Polynésie française, c'est 118 îles réparties sur 5 archipels, sur un territoire grand comme l'Europe occidentale. Seules 70 îles sont habitées. La plus grande est Tahiti. Depuis 10 ans, la Polynésie française est devenue un pays d'outre-mer. Son autonomie est grande. Elle a un gouvernement local et son président siège à Papeete.

L'ARCHIPEL DES ÎLES FIDJI

Sous les cocotiers !

322 îles dont une centaine seulement est habitée ! Eaux bleues, plages de sable fin et cocotiers : une vraie carte postale. Presque tous les Fidjiens vivent sur **l'île de Viti Levu**, la plus étendue. C'est là qu'atterrissent les touristes, à l'aéroport international de **Nadi**.

Des traditions brûlantes !

Sur **l'île de Beqa**, les descendants de la tribu des **Sawaus** marchent sur des braises. Inutile de tenter l'expérience ! On raconte que ce don leur aurait été transmis par les dieux.

NOUVELLE-CALÉDONIE

85 espèces de lézards, dont plus des 3/4 ne se rencontrent qu'en Nouvelle-Calédonie.

La Nouvelle-Calédonie est située en plein cœur du Pacifique Sud. Liée à la France mais à près de **17 000 km** d'elle, elle dispose d'un statut particulier et d'une grande autonomie qui devrait peu à peu la conduire à l'indépendance.

Une grande richesse

1/3 des ressources mondiales de nickel est enfouie dans le sol de Nouvelle-Calédonie.

ZOOM SUR L'AUSTRALIE

SUPERFICIE 7 741 milliers de km²
POPULATION 23,1 millions d'hab.
CAPITALE Canberra

Record de taille !

L'Australie est le plus grand pays de l'Océanie (14 fois environ la taille de la France).
Le **6ᵉ** plus grand pays au monde par sa superficie et aussi pour la longueur de ses côtes. Normal, c'est une île !

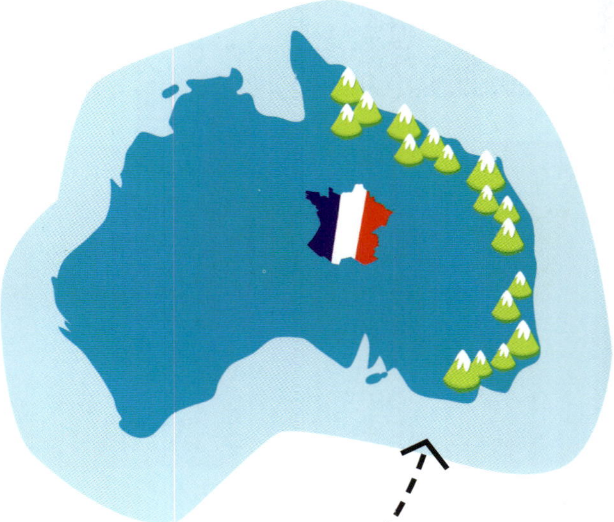

À l'est, une chaîne de montagnes, la **cordillère australienne** ; c'est la 3ᵉ plus longue au monde. Il est là, le plus haut sommet d'Australie : le **mont Kosciuzko**, 2 229 m !

Le fleuve le plus long ?

Le Murray : 2 590 km. Grâce à ses barrages, ses eaux irriguent les plaines arides qu'il traverse. L'agriculture a progressé, les villes se sont développées... mais le Murray est en danger, il s'assèche. Alors, le gaspillage d'eau est puni par la loi pour le protéger !

BÊE, BÊE !

Au centre, le pays est couvert... **de moutons !** L'Australie est le 1ᵉʳ producteur de laine du monde.

Le plus original

Il se fait remarquer, l'**opéra de Sydney**, avec sa structure de ciment, de bois et de granit rose. On dirait des coquilles emboîtées !
Il peut accueillir jusqu'à 5 700 spectateurs.
Orchestre, opéra, ou théâtre ?
Un haut lieu culturel.

Super devinette

Haut sur pattes, j'ai des ailes mais ne vole pas.
Je cours aussi vite qu'un cheval.
Je vis longtemps, environ 40 ans.
Qui suis-je ?
Réponse :
L'**émeu**, l'emblème national de l'Australie. On le retrouve à côté du kangourou sur ses armoiries ! C'est le 2e oiseau le plus haut derrière l'autruche.

L'Australie est recouverte aux 3/4 de désert, de bush (bois et broussailles typiques de la région) et de prairies arides.

De bouche à oreille... La culture aborigène se transmet depuis 50 000 ans par l'art, la musique et la danse. Dans chaque communauté, les esprits sont vénérés, les légendes et les rites sont nombreux. Pour certaines cérémonies, les corps sont décorés de motifs avec des ocres naturelles. Les objets artisanaux le sont aussi comme les instruments de musique ou les boomerangs.

Le boomerang revient toujours au pied de son maître... seulement si la cible a été manquée !

ZOOM SUR LA NOUVELLE-ZÉLANDE

SUPERFICIE 271 milliers de km^2
POPULATION 4,5 millions d' hab.
CAPITALE Wellington

L'île la plus isolée !

Ses premiers voisins sont à plus de **2 000 km**… Un inconvénient parfois. Un avantage pour la faune et la flore. Certaines espèces (des oiseaux non volants surtout, comme le kiwi, l'emblème du pays) sont endémiques à l'île, on ne les rencontre donc qu'ici… ou presque ! Le kokapo, plutôt bleu, le kakapo, plutôt vert par exemple !

Fois 2 !

La Nouvelle-Zélande, en fait, c'est **2 îles**.
Celle du sud est la plus montagneuse.
Celle du nord, la plus peuplée, est surnommée l'île fumante à cause des ses volcans toujours actifs.

Ton record

85 % des Néo-Zélandais habitent en ville. Par exemple : Auckland ou Wellington. **Retrouve-les sur la carte p. 80-81.**

Les plus forts !

Ils le sont souvent ! Les All Blacks, l'équipe nationale de rugby, se fait souvent remarquer par ses scores et leur célèbre *haka*, danse rituelle qui précède chaque match.

LE SAIS-TU ?!?

Les Maoris furent les premiers à vivre en Nouvelle-Zélande il y a 1 000 ans environ. Ils représentent aujourd'hui 8 % des Néo-Zélandais. L'anglais et le maori sont les deux langues officielles.

ZOOM SUR LA PAPOUASIE-NOUVELLE-GUINÉE

SUPERFICIE 463 milliers de km^2
POPULATION 7,2 millions d'hab.
CAPITALE Port Moresby

Une île partagée

L'île de Nouvelle-Guinée est partagée en 2. Sa partie ouest appartient à l'**Océanie**, c'est la Papouasie-Nouvelle-Guinée. À l'est, c'est une terre indonésienne, située en **Asie**.

800 langues !

La Papouasie-Nouvelle-Guinée est le pays qui a le plus de groupes ethniques.
800 langues y sont répertoriées. **3** seulement sont officielles dont l'anglais qui est très peu parlé !

Le plus séducteur ?

L'**oiseau de paradis** se pare de plumes somptueuses pour séduire un maximum de femelles ! C'est aussi l'emblème national du pays !

8 habitants sur 10 sont des papous

D'une tribu à une autre, les rites et les traditions different. Les maisons aussi ! Certaines sont perchées dans les arbres, d'autres sont proches du sol, sur pilotis. Tous les Papous aiment se parer, en particulier pour les fêtes : peintures sur le visage et le corps, coiffures de plumes, os travaillés...

Unique l'ornithorynque !

Voilà un drôle de mammifère qui vit dans les eaux douces. Il a un look étrange avec son bec de canard, ses pattes palmées et sa queue de castor. Et, surtout, sa femelle pond des œufs !

La majorité de la population est rurale.

INCROYABLES ANIMAUX

Les plus grands, les plus lourds ou les plus insolites. Mammifères, reptiles, oiseaux, poissons... Des records, des ruses et des modes de vie étonnants !

Plus long qu'un autobus, le **calamar géant** vit dans les océans à 1 000 m de profondeur. En cas de danger, il crache de l'encre.

Le **suricate** résiste à la chaleur du Kalahari en Afrique. Il déniche des araignées ou des larves dans le sable. Il se contente de boire les liquides contenus dans ses proies !

Le **gecko** de Madagascar prend la couleur de la végétation. Il se fond dans le décor ! Ses pattes, comme des ventouses, lui permettent de s'accrocher partout.

Avec ses 150 tonnes en moyenne et ses 30 m de long, la **baleine bleue** est le poids lourd des animaux.

La **grenouille fraise** d'Amérique centrale est bien visible mais elle est surtout mortellement venimeuse. Certaines tribus indiennes enduisent leurs flèches de ses toxines.

La femelle du **poisson-lune** pond jusqu'à 300 millions d'œufs... Un record, mais bien peu deviendront adultes !

Le mammifère le plus rapide est le **guépard**... sur une courte distance ! Il dépasse les 100 km/h. Il tient bien la route grâce à ses griffes rétractiles qui adhèrent au sol.

L'**autruche** est l'oiseau le plus haut et le plus lourd. Elle pond les œufs les plus gros, court le plus vite... mais ne vole pas !

L'ARCTIQUE ET LE PÔLE NORD

Ton record

L'Arctique n'est pas un continent ! C'est une région polaire, située au nord du cercle polaire. Elle englobe le nord de l'Asie, de l'Europe et de l'Amérique du Nord, soit 7 pays en tout. Retrouve-les sur la carte.

*Norvège, Suède, Finlande, Russie, États-Unis (par l'Alaska), Canada et Danemark (par le Groenland).

Ainsi fond, fond, fond

Une partie de l'**océan Arctique**, où se trouve le **pôle Nord**, est couverte de banquise. Les températures descendent autour de - 40 °C en hiver, et l'été, elles varient entre 0 °C et 10 °C. La **banquise** fond, fond, fond... 15 millions de km^2 environ l'hiver et 5 millions en été ! En 25 ans, la banquise a diminué de 1/3 !

Record de profondeur pour l'océan Arctique : 5 400 m environ.

LE SAIS-TU ?!?

Le Groenland est la plus grande île du monde, mais aussi la moins peuplée. Depuis 40 ans, c'est un territoire autonome du Danemark. On paie en couronne danoise, mais on y parle le groenlandais. Sa capitale ? Nuuk en groenlandais et Godthab en danois. La fête nationale a lieu, le jour le plus long, le 21 juin !

Le plus petit arbre du monde

C'est le **saule arctique**. Il pousse dans la toundra, par exemple au Groenland, entre les mousses et les lichens. Il dépasse rarement les 20 cm !

Le plus gros des carnivores ?

L'**ours blanc**, il atteint souvent 1 000 kg ! C'est un excellent nageur (8 à 10 km/h) et plongeur (2 min sous l'eau) qui explore inlassablement la banquise en quête de nourriture. Il peut aussi être très patient et guetter un phoque qui monterait respirer à la surface. Rapide (jusqu'à 30 km/h), il le mord ou le griffe pour le tuer. Les chasseurs inuit le respectent, pour eux, c'est un animal sage.

Population

Malgré les conditions climatiques extrêmes, le Grand Nord est peuplé et exploité. Des Inuits au Canada, en Alaska et au Groenland, des **Lapons** et des **Samis** en Scandinavie, des **Samoyèdes** en Sibérie...

L'ANTARCTIQUE ET LE PÔLE SUD

L'Antarctique est un **continent** au centre duquel se situe le pôle Sud.

Pas d'État, pas d'habitant, seulement des scientifiques

Depuis 1991, le territoire de l'Antarctique est devenu « une réserve naturelle dédiée à la paix et à la science ». Des chercheurs du monde entier travaillent dans les quelque 50 bases dispersées sur le continent. L'Antarctique est très sensible à la pollution actuelle. Il faut le protéger ! Sa taille ? Presque **14 millions de km^2** soit plus de **25** fois celle de la France !

Des proportions incroyables !

98 % du continent est recouvert de glace. Les 2 % restants de mousses et de lichens !

Un réservoir géant d'eau douce

Les glaciers de l'Antarctique représentent 90 % de l'eau douce de la planète.

Un volcan actif au milieu des glaces : le Mont Erebus (3 794 m) !

- 89,2 °C

La température la plus basse enregistrée à **Vostok**, une station météo russe. C'est un record. La température moyenne hivernale est de **- 50 °C** et celle d'été avoisine les...**- 20 °C** !

En novembre 2013, un iceberg, une « montagne de glace », **de la taille de Manhattan**, s'est détaché d'un glacier et dérive dans l'Antarctique. Il est très surveillé par les scientifiques.

Une envergure de taille

L'albatros hurleur se nourrit de poissons et de krills de l'océan Antarctique. Avec ses **3 à 4 m d'envergure**, c'est le plus grand oiseau du monde !

Qui dit mieux ? Les satellites !

Le royaume des manchots empereurs, c'est bien l'océan Antarctique. Ils y vivent en colonie. Un comptage récent par satellites a permis d'en dénombrer presque 600 000 ! Le double des estimations habituelles !

La plus longue piste d'atterrissage taillée dans la banquise ?

Celle de la station antarctique américaine de McMurdo. Elle mesure un peu plus de 3 km et en plus il y en a 2 !

LE SAIS-TU ?!?

En 1911, Roald Amundsen et son équipe atteignent le pôle Sud. Ils sont les premiers à réussir cette expédition et plantent avec fierté le drapeau norvégien. Robert Falcon Scott, un Britannique, y parvient 5 semaines plus tard ! Immense déception ! Plus à l'est, le Vinson culmine à 4 892 m, un peu plus haut que le mont Blanc !

INDEX

A

B

C

D

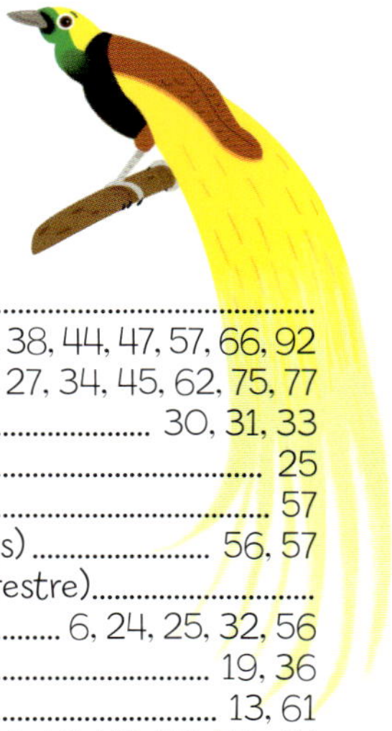

E

F

G

H

I-J

K-L

M

N

O

P

Q-R

S

T

U-V

W-Y-Z

CRÉDITS PHOTOGRAPIQUES

Incroyables volcans
Shutterstock.com – © skyearth : mont Fuji. © ByrneImagery : Kilauea. © infografick : piton de la Fournaise. © bikeriderlondon : Eyjafjöll. © Marco Regalia : Popocatepetl. © D. Bond : Vésuve. © patio : Chaîne de Puys. © Byelikova Oksana : Krakatoa.

Incroyables déserts
Shutterstock.com – © Volodymir Goinyk : Antarctique.© Eniko Balogh : Sahara. © Yongyut Kumsri : salar d'Uyuni. © Stevan ZZ : Tabernas. © Wesley Walker : Ayers Rock. © hessian mercenary : Sonara. © Pichugin Dmitry : Namib. © sunsinger : vallée de la Lune.

Incroyables fleuves
Shutterstock.com – © Photo Image : Mississippi. © nicolasdecorte : Paraná. © sudalim : Gange. © Thanh Nghi : Mékong. © trevor kittelty : Niger. © Przemyslaw Skibinski : Zambèze. © Mark III Photonics : Danube. © Popova Valeriya : l'Amour.

Incroyables phénomènes naturels
Shutterstock.com – © Capture Light : geyser. © mrmichaelangelo : mousson. © Nordroden : séismes. © dpaint : typhon. © Todd Shoemake : tornade. © hassan bensliman : crue.© MarcelClemens : grêlons.
Fotolia.com – © Christophe Fouquin : tsunami.

Incroyables îles
Shutterstock.com – © Alberto Loyo : île de Pâques. © Iakov Kalinin : Venise. © Hieronymus : Galesnjak. © TTstudio : Islande. © Brian S : îles Cook. © sydeen : Sumatra. © Nico Traut : Qatar. © Sheila Say : Galápagos.

Incroyables animaux
Shutterstock.com – © Boris Pamikov : calamar géant. © Andrey Bayda : suricate. © Natali Glado : gecko. © Ethan Daniels : baleine bleue. © Dirk Ercken : grenouille fraise. © Zacarias Pereira de Mata : poisson-lune. © Stuart G Porter : guépard. © paula french : autruche.

Direction de la publication : Isabelle Jeuge-Maynart et Ghislaine Stora
Direction éditoriale : Stéphanie Auvergnat-Junique et Florence Pierron-Boursot
Édition : Barbara Janssens
Responsable artistique : Laurent Carré
Création et mise en page : skgd-création
Révision rédactionnelle : La Machine à mots
Fabrication : Rebecca Dubois

21, rue du Montparnasse – 75006 Paris

ISBN : 978-2-03-590361-7
Imprimé en Espagne par Grafica Estella
Dépôt légal : octobre 2014
7366697-01 / 11028715 – septembre 2014

Conforme à la loi n° 49 956 du 16 juillet 1949 sur les publications destinées à la jeunesse.